Josef Carl Grund

Zwei Leben
für Hannibal

Arena

In neuer Rechtschreibung

1. Auflage als Arena-Taschenbuch 2003
Lizenzausgabe des Loewe Verlag GmbH, Bindlach
© 1989 Loewe Verlag GmbH, Bindlach
Umschlagillustration: Sabine Lochmann
Umschlagtypografie: Agentur Hummel + Lang
Gesamtherstellung: Westermann Druck Zwickau GmbH
ISSN 0518-4002
ISBN 3-401-02871-5

Inhalt

Zur Sache	7
Die Hauptpersonen	9
Das Orakel	10
Nefer und Yahann	25
Freunde	30
Die Ratten des Baal Mot	38
Helden	47
Das Amulett	55
Sechs Jahre später	60
Das Zeichen	69
Gold für Nefer	82
Das Opfer	94
Die Seefahrt	102
Der Haifisch	106
Hannibal	117
Hilike	127
Schwarzmann	136
Die Flucht	147
Hannibals Burg	156
Drei Leben	160
Die Stadt am Meer	167

Aigina	181
Das dritte Leben	195
Was dann noch geschah	216
Wort- und Sachverzeichnis	220

Zur Sache

Auf die Frage »Was fällt euch zu dem Wort ›Karthago‹ ein?« antwortete von mehr als tausend Jugendlichen etwa die Hälfte: »Nichts.« Von den übrigen sagten die meisten: »Hannibal, der mit seinen Elefanten über die Alpen zog.« Ganz wenige erinnerten sich in der Schule von der »Schlacht bei Cannae« gehört zu haben und von dem Ausruf des römischen Senators Cato: »Ceterum censeo, Carthaginem esse delendam!« (Ins Deutsche übertragen: »Im Übrigen bin ich der Meinung, dass Karthago zerstört werden muss!«)

Ausgrabungen in den letzten Jahrzehnten vermittelten neue Erkenntnisse über die Karthager (von den Römern »Punier« genannt). Die Ausstellung in Venedig zeigte Fundstücke von der Ostküste des Mittelmeers (dem Herkunftsgebiet der Phönizier) und aus dem Umland von Tunis (wo phönizische Siedler etwa 900 Jahre vor Christus Karthago gründeten und »Karthager« genannt wurden).

Nach geschichtlichen Tatsachen, neuen Erkenntnissen, alten Überlieferungen und uralten Sagen schrieb ich die folgende Erzählung.

Wie bisher bewegt mich auch hier das Schicksal der einfachen Leute, die gezwungen wurden dem Ruhm der Mächtigen zu dienen.

Über die militärischen Großtaten des Oberfeldherrn

Hannibal, der ein gewaltiges Heer und afrikanische Kampfelefanten über die vereisten Alpen führte, berichteten Roman- und Geschichtenschreiber mehr als genug. Diejenigen, die auf der Strecke blieben, wurden (und werden) meist mit wenigen Zeilen bedacht. Sie waren ja nur kleine Leute, die keine großen Namen trugen.
Deshalb erzähle ich von ihrem Schicksal.
Ich berufe mich unter anderem auf Geschichtsschreiber von damals:
Auf den Griechen Polybios, der eine Weltgeschichte in vierzig Bänden verfasste und (146 v. Chr.) an der Eroberung Karthagos teilnahm;
auf den römischen Historiker Livius (59 v. Chr. bis 17 n. Chr.), der unter anderem das Buch »Der Krieg gegen Hannibal« schrieb;
und auf den griechischen Gelehrten Sosylos, der Hannibal auf dessen Kriegszügen begleitete und in sieben Büchern darüber berichtete.
Der leichteren Orientierung wegen ersetze ich einige Bezeichnungen von damals durch heutige. Ich schreibe zum Beispiel »Spanien« für »Iberia«, »Ebro« für »Hiberus« ... Es soll die Orientierung auf Karten und im Atlas erleichtern.

Josef Carl Grund

Die Hauptpersonen

Hamilkar Barkas, karthagischer Oberfeldherr
Hannibal
Hasdrubal ⟶ seine Söhne
Mago
Hasdrubal der Schöne, Hamilkars Schwiegersohn

Pero
Hiran ⟶ karthagische Handelsherren
Samel

Melech, ein karthagischer Hauptmann
Chero, sein Sohn

Nefer, eine ägyptische Sklavin
Yahann, ein keltischer Sklave

Hormes, ein keltischer Fürst
Hilike, seine Tochter

Sosylos, ein griechischer Gelehrter
Demetrios, ein griechischer Arzt

»die Hexe«, Priesterin der Schutzgöttin Tanit
der Bettlerkönig von Karthago

Das Orakel

Ein Reiter galoppierte auf die Stadtmauer zu. »Die Hexe kommt!«, schrie er schon von weitem. »Die Hexe der Tanit!« Die Wächter auf dem Torturm riefen es in die Stadt hinein.
Dann ging es wie ein Lauffeuer durch Karthago: »Die Hexe kommt, die Hexe der Tanit! – Die Hexe – die Hexe ...«
Neugierige liefen zum Haupttor. Ängstliche, die den bösen Blick fürchteten, verbargen sich. Jeder wusste, dass sich die Hexe der Schutzgöttin Tanit nur dann in der Stadt sehen ließ, wenn Besonderes auf Karthago zukam. Meist verkündete sie nichts Gutes; doch dann konnte man die Warnung beherzigen und sich vorsehen ...
Was würde es diesmal sein? – Marschierte der Oberfeldherr Hamilkar Barkas, der für Karthago in Spanien kämpfte, einer Niederlage entgegen? – Drohte der Feuergott Baal Hammon mit Seuchen, weil der Rat der Hundert auf Hamilkars Drängen Menschenopfer verboten hatte? – Segelten Piraten heran, um die Güterschuppen im Handelshafen zu plündern, oder Sklavenjäger auf Menschenjagd? – Stand neuer Krieg gegen die Römer bevor?
Es war später Nachmittag. Der Südwind, der heißen Sand aus der Wüste über die Küstenstädte gepeitscht hatte, war zur Ruhe gekommen. Seine Schwüle brütete

in Karthagos Mauern und in den Köpfen der Menschen weiter.

»Die Hexe kommt«, tuschelte es in den Gassen, »die Hexe der Tanit.« Sie durch Hornstöße anzukündigen wäre eine Beleidigung gewesen. Tanit, die Schutzgöttin Karthagos, konnte streng und wild sein, deshalb stellten sie Bildhauer als Löwenhäuptige dar. Sie besaß den Mut der Löwin – für ihre Kinder. Die Karthager verehrten sie als göttliche Mutter, die ihnen Schutz und Frieden gab. Kriegerische Trompetenstöße hätten sie gekränkt.

Anders Baal Hammon. Er war der Gott, der Himmel und Erde erschaffen hatte. Sein Feind war Baal Mot, der Fürst der Dürre und des Todes. Beide liebten das Feuer und das Stöhnen der Opfer. Sie waren Herr-Götter. (»Baal« bedeutete »Herr« in der Sprache der Karthager.)

Tanit warnte vor dem Zorn des Baal Hammon und des Baal Mot; oft rechtzeitig, manchmal zu spät. Sie offenbarte sich ihrer Priesterin, die in der Einsamkeit lebte, und sandte sie in die Stadt.

Die Karthager sagten »Hexe«, wenn sie von der Botin sprachen, der Tanit die Gabe der Weissagung verliehen hatte. Sie sagten es ehrfurchtsvoll.

Eine gigantische Befestigung schloss den Isthmus von Karthago gegen das Hügelland im Süden und Südwesten ab. 26 römische Meilen (etwa 38 km) weit zog sich eine 40 Fuß (etwa 13 m) hohe, 24 bis 30 Fuß (8 bis 10 m) breite Mauer, der ein Palisadengraben und zwei Sandwälle vorgelagert waren, über die Landenge. Vierstöckige, auf Rufweite gebaute Wachttürme überragten das Bollwerk. In die Mauer waren Kasernen für 24 000 Söldner und Ställe für 4 000 Pferde und 300 Kriegselefanten eingebaut. Karthagos Seeseite schützten das Meer und die befestigten Häfen.

Ein einzelner Mensch, der auf die Mauern zukam, musste sich klein und hilflos fühlen. Und wenn die afrikanische Sonne die Schilde der Wächter blitzen ließ, hatte schon mancher eine Beschwörung gemurmelt und an ein zauberkräftiges Amulett gegriffen.

Die Hexe der Tanit fürchtete weder Mauern noch Waffen. Ohne Hast ritt sie auf ihrem Maultier der Stadt entgegen. Sie trug kein weißes Gewand wie die anderen Priesterinnen der Tanit. Ihr Kleid war eine graue, mit einem groben Strick gegürtete Kutte. Eine kupferne Dämonenmaske verdeckte ihr Gesicht. Ihr wahres Antlitz, hieß es, habe noch kein Mensch gesehen.

Ohne nach links oder rechts zu blicken, ritt sie über die Zugbrücke des Palisadengrabens und die Durchlässe in den Sandwällen. Die Wächter am Haupttor stießen die Schilde auf den Boden, präsentierten Speere und schlossen die Augen, damit ihnen der Blick der Unheimlichen nicht schade. Er sollte zwar nur jene verhexen, die Böses getan hatten – doch wer hatte das nicht?

Stumm ritt die Priesterin an den Wächtern vorbei. Die Maultierhufe klapperten auf dem Pflaster.

»Sie reitet den Byrsahügel hinauf«, sagte einer der Wächter.

»Wohin denn sonst?«, brummte der andere. »Auf dem Hügel steht der Tempel ihrer Göttin.«

Sie täuschten sich. Diesmal ritt die Hexe nicht zur Kuppe des Byrsahügels, auf dem das goldene Dach des Hammon-Heiligtums, der korallengeschmückte Eschmun-Tempel und die Kupferkuppel der Tanit-Kultstätte im späten Tageslicht leuchteten. Auf halber Hanghöhe – da, wo die Häuser der Reichen und die Paläste der Vornehmen standen – zügelte sie das Maultier vor dem Palast der Barkiden, der mächtigsten Sippe der Stadt. Der Palast gehörte dem Oberfeldherrn Hamilkar Barkas, der die Iberische Halbinsel weit drüben im Westen für Karthago eroberte.

Lärm war in Hamilkars Haus.

Der schwarze Türsteher zuckte zusammen, als er die Maskierte auf dem Maultier erblickte. Er murmelte eine Beschwörung und verschwand im Palast. Kurz darauf verstummte der Lärm.

Ein Mann kam ins Freie, der Schwarze folgte ihm zitternd. Der Mann trug die Uniform eines karthagischen Offiziers, doch war er unbewaffnet. Er verneigte sich vor der Priesterin, half ihr abzusteigen und hieß sie willkommen.

»Du bist Hauptmann Melech«, sagte die Maskierte.

»Ich bin Melech«, antwortete der Offizier. »Hamilkar Barkas sandte mich nach Karthago mit dem Befehl, Hannibal, seinen ältesten Sohn, nach Spanien zu bringen. Hannibal feiert seinen zwölften Geburtstag und ist alt genug, um im Heer seines Vaters zu dienen. Mein Schiff liegt im Kriegshafen vor Anker. Ich lege morgen ab und erhoffe günstigen Wind.«

»Deine Frau hat dir einen Sohn geboren«, sagte die Maskierte.

»Ja«, antwortete der Hauptmann verwundert, »vor zwei Tagen. Woher weißt du es?«

»Gehen wir ins Haus«, befahl die Priesterin knapp.

Sie betraten den weiten Raum, in dem die Barkiden-Familie und andere Vornehme den zwölfjährigen Hannibal nach Spanien verabschiedeten. »Die Priesterin der Tanit!«, rief Hauptmann Melech in den Saal.

Eine Dame trat auf die Maskierte zu und begrüßte sie.

»Du bist Hamilkars Gemahlin«, sagte die Hexe.

Die Dame nickte. »Ich bin Hamilkars Gattin und Hannibals Mutter.«

»Geh zur Seite«, befahl die Maskierte. Die Dame gehorchte.

Da lief ein Junge auf die Hexe zu. Er schüttelte einen hageren Mann ab, der ihn zurückhalten wollte, und fuhr die Priesterin an: »Sprich nicht so zu meiner Mutter!«

»Tritt zurück, Hannibal«, sagte die Maskierte; und es war etwas in ihrer Stimme, das den Jungen gehorchen ließ.

Die Priesterin hob die Hände und verkündete:

>»Dem Hauptmann Melech wurde ein
>Sohn geboren.
>Drei Leben sind ihm geschenkt.

Zwei wird er dem Hannibal opfern.
Das Opfer des dritten Lebens bedeutet
den Tod.«

Sie nickte dem Hauptmann, dann dem Knaben Hannibal zu und ging.
Zögernd wich die Spannung.
Dann schwirrten Fragen durcheinander: »Den Tod für wen?« – »Für den Sohn des Melech?« – »Für Hannibal?« – »Für beide?« – »Oder für Karthago?« – »Warum?« – »Wann und wie?«
»Melechs Sohn ist zwei Tage alt«, sagte Hannibal zu dem Hageren. »Wie soll er mir da zwei Leben opfern?«
»Unser Dasein galoppiert auf den Hufen eilender Rosse dahin«, antwortete der Hagere. »Mit Windeseile werden die Tage zu Jahren. Das bedenke, Hannibal, und sei für die Warnung dankbar.«
»Du redest wie ein alter Mann, Sosylos«, spottete der Junge. »Du bist mein Lehrer und wie alle griechischen Gelehrten unheimlich gescheit. Doch morgen segle ich mit Hauptmann Melech nach Spanien. Dort gibt es Kampf und kein Griechisch.«
Sosylos widersprach ihm: »Du irrst, Hannibal. Dein Vater befiehlt mir dich zu begleiten und dir weiterhin griechische Bildung zu vermitteln.«
Das Gespräch zwischen Lehrer und Schüler wurde unterbrochen.
»Sie ist verschwunden!«, rief der Türhüter in den Saal.

»Sie kam an mir vorbei – und war weg, als ob die Erde sie verschluckt hätte! Vielleicht hat sie sich auch in Luft aufgelöst – die Hexe der Tanit!«

»Unsinn!«, rief Hannibal. »Holen wir sie zurück! Sie soll uns sagen, was sie meint!«

»Holen wir sie zurück!«, riefen andere junge Männer.

Alle rieten ab. Die Hexe könnte es übel aufnehmen, warnten sie.

»Wir fürchten uns nicht«, prahlten die Jungen und schwärmten aus. Mit Mühe hielten Sosylos und Melech Hannibals jüngere Brüder Hasdrubal und Mago davon ab, den Hitzköpfen zu folgen.

Die suchten vergebens. Und kein Wächter hatte die Hexe aus der Stadt reiten sehen . . .

Hauptmann Melech versprach Hannibals Mutter ihren ältesten Sohn wie seinen eigenen zu beschützen.

Unter den Festgästen kam keine rechte Stimmung mehr auf. Noch vor Mitternacht verließen die letzten Besucher den Palast der Barkiden.

»Warum soll unser Sohn sein Leben für Hannibal opfern?«, fragte Melechs Gattin den Gemahl. Sie flüsterte es mehr, als sie es sagte. Die Geburt war schwer gewesen.

»Oft bleibt uns der Wille der Götter verborgen«, sagte Melech. »Ich werde beide beschützen: unseren Sohn und Hannibal. Jetzt schlaf, es ist Mitternacht. Morgen sieht alles freundlicher aus.«

»Morgen segelst du nach Spanien«, sagte die Frau.

»Ich komme wieder«, versprach er und strich dem Bündel, das sein Sohn war, ganz vorsichtig über den Kopf. »Ich nenne ihn Chero«, sagte er. »Das klingt wie Heros, findest du nicht?« Er lächelte. »›Heros‹ ist griechisch und bedeutet ›Held‹.«

»Er soll kein Held sein«, flüsterte die Mutter. »Er soll leben – für sich selbst und nicht für Hannibal.«

Dann verließen sie die Kräfte. Sie schloss die Augen und schlief ein.

Vertraute Sklavinnen wachten bei ihr und dem Kind.

Am nächsten Morgen, kurz nach Sonnenaufgang, verließen zwei voll beladene Frachtschiffe den Handelshafen und eine waffenstarrende Galeere den Kriegshafen der Stadt Karthago. Sie nahmen Kurs auf Spanien. Die Frachtschiffe hatten Nachschub für Hannibals Heer geladen. Auf der Galeere, an deren Ruderbänke hundert Sklaven gekettet waren, befahl Hauptmann Melech ausgewählten Seeleuten und kampferprobten Söldnern. Sie bürgten mit Leib und Leben dafür, dass Hannibal und der griechische Lehrer Sosylos wohlbehalten nach Spanien kamen.

In Karthago hatten die Barkiden nicht nur Freunde. Andere vornehme Sippen neideten dem Oberbefehlshaber Hamilkar Barkas die Erfolge, die er mit seiner Söldnerarmee in Spanien errang. Sie fürchteten, dass er oder einer seiner Nachkommen sich mit Hilfe der Krieger zum König des Karthagischen Reiches aufwerfen, alle Macht an sich reißen und die anderen Adelsfamilien unterdrücken oder gar vernichten könnte.

Die karthagischen Land- und Seestreitkräfte schworen auf Hamilkar Barkas. Er allein befahl ihnen.

Die Karthager waren ein Krämervolk, das um das Mittelmeer herum und weit darüber hinaus Handel trieb. Kämpfe, die das eigene Land bedrohten, fürchteten sie. Solche Kriege, fanden sie, lähmten den Handel und vernichteten in kurzer Zeit, was Generationen erworben und aufgebaut hatten. Kriegsdienst wollten nur wenige Karthager leisten. Es gab keine Wehrpflicht.

Verteidiger brauchte jedoch auch Karthago, wenn es sich nicht von Angreifern berauben und seine Bürger in die Sklaverei verschleppen lassen wollte. Außerdem konnte man Kriege auch in fremden Ländern führen. Da war die Gefahr weit weg, und diese Kriege brachten Beute ein, die man zum Schleuderpreis kaufen und mit Höchstgewinn absetzen konnte.

Auch für die »nahrhaften« Kriege brauchte man Kämpfer.

Die Karthager lösten das Soldatenproblem auf ihre Art. Der Rat der Hundert, der Stadt und Reich regierte, wählte einen Heerführer, gab ihm Geld und ließ ihn die karthagische Armee aus Söldnern der verschiedensten Völker zusammenkaufen. Nur die Offiziere sollten Karthager sein.

So war der Oberbefehlshaber der karthagischen Land-

und Seestreitkräfte ein bezahlter Angestellter. Noch vor wenigen Jahren war dieses Amt nicht unbedingt erstrebenswert gewesen. Mehrere Male waren geschlagene Feldherren auf Befehl des Rates der Hundert gekreuzigt worden.

Hamilkar Barkas verteidigte Karthago, indem er Spanien eroberte.

Wieso?

Vor sechs Jahren war »der Erste Punische Krieg« zu Ende gegangen, in dem die Römer den Karthagern die Insel Sizilien entrissen hatten. Ein harter Schlag für das Händlervolk. Sizilien hatte Getreide, Obst, Erze, Sklaven und Söldner geliefert. Der Verlust der Insel traf die Karthager schwerer als der Verlust des Goldes, das sie den Römern als Kriegsentschädigung zahlen mussten.

Da hatte Hamilkar Barkas die Eroberung der Iberischen Halbinsel vorgeschlagen. Spanisches Silber und neue Handelsstädte an der spanischen Küste sollten den Verlust der Insel Sizilien ausgleichen.

Nach langem Hin und Her hatte der Rat der Hundert zugestimmt. Auch die Römer sprachen nicht dagegen. Hamilkar Barkas, glaubten sie, würde sich in Spanien nicht lange halten können.

Hamilkar war mit seiner Söldnerarmee in Spanien gelandet und hatte in harten Kämpfen gegen Iberer und Kelten Gau um Gau erobert. Schon bald fuhren schwer beladene Beuteschiffe von Spanien nach Karthago.

Das Volk jubelte; die Neider begannen Hamilkar Barkas

zu fürchten. Nun holte er seinen Sohn Hannibal nach Spanien! Mit zwölf Jahren war ein karthagischer Junge aus vornehmer Familie alt genug, zum Offizier ausgebildet zu werden – um eines Tages vielleicht der Armee zu befehlen! Hamilkar war es zuzutrauen, dass er dies für seinen Ältesten plante.
Zu den Dämonen mit der Barkiden-Brut!
Die vornehmen Neider wussten sich zu verstellen. »Mit größtem Vergnügen« waren sie der Einladung zu Hannibals Abschied gefolgt. Sie hatten kostbare Geschenke überreicht und den Spruch der Hexe gehört:
Zwei Leben für Hannibal – das Opfer des dritten Lebens – der Tod . . .
Was bedeuteten die drei Leben? – Und wie war es mit dem Opfer, das den Tod bringen sollte?
Die Neider beschlossen die Hexe zu fragen . . .
Zur selben Zeit, als auf den Frachtschiffen und der Galeere die Segel gesetzt wurden, ritten drei Herren durch das Haupttor ins Hügelland; auf demselben Weg, den die Hexe geritten war. Sie schaukelten auf betagten Pferden dahin, die dem Händlerspeck nicht weh taten. Dabei unterhielten sie sich so eifrig, dass sie das oberste Gebot aller Verschwörer nicht beachteten: das Gebot, sich immer wieder umzusehen. So merkten sie nicht, dass ihnen jemand folgte.
Die Höhle der Hexe lag im Hügelland, das im Süden in die unendliche Wüste überging. Es war eine Felshöhle, in der – nach der Leute Reden – Dämonen hausten. Der

schrecklichste Dämon, hieß es, würde sich auf Frevler stürzen, die der Priesterin respektlos entgegentraten.

Die Reiter hielten vor der Höhle und stiegen ab. Der älteste klopfte an eine Pforte.

Dahinter knurrte es drohend. »Ein Löwe«, murmelte ein anderer unbehaglich.

Das Tor schwang auf.

Die Männer wichen zurück. Vergebens versuchten sie das Gesicht der Priesterin zu erkennen. Auch jetzt trug die Hexe die kupferne Maske. Eine Löwin drohte mit gefletschten Zähnen. Die Hexe hielt sie an der Kette zurück.

»Was erbittet ihr von mir?«, fragte sie.

»Die Deutung des Spruches, den du Hauptmann Melech verkündet hast«, antwortete der Händler, der am weitesten weg stand.

Die Löwin knurrte.

Die Männer warfen Gold und Silber in die Höhle und die Löwin knurrte nicht mehr. Anscheinend beruhigte sie der Klang des Metalls.

Die Hexe musste die Augen einer Katze und die Ohren eines Wüstenhundes haben! »Dreißig Silberstücke«, sagte sie »und fünfzehn Münzen in Gold. Die große Tanit nimmt das Opfer an. So hört, was ihr Spruch für euch bedeutet.«

Die Priesterin hob die Hände und verkündete: »Beim Zorne der Göttin – rührt ihn nicht an!«

Die Pforte schlug zu.

»He!«, riefen die Männer, trommelten mit den Fäusten an die Tür und stießen mit den Füßen dagegen.

Hinter der Pforte knurrte die Löwin.

»Auch von einer Hexe lasse ich mich nicht zum Narren halten!«, schimpfte der Älteste. »Ohne ehrliche Deutung kein Opfer! Gib mir mein Gold zurück!«

»Und mir mein Silber!«, riefen die anderen.

Die Tür ging einen Spaltbreit auf, die Männer verstummten. Im Türspalt erschien der Löwenkopf. Die Pferde schnaubten und standen mit zitternden Flanken.

»Euer Gold und euer Silber wollt ihr zurückhaben?«, spottete die Hexe. »Es liegt da, wohin ihr es geworfen habt. Holt es euch.«

Ein Ruck an der Kette, die Löwin gab Laut. Die Höhle verstärkte das Gebrüll zu dämonischem Dröhnen. In panischem Schreck stiegen die Pferde hoch und keilten aus. Um nicht geschleift zu werden, gaben die Männer die Zügel frei. Aufwiehernd galoppierten die Gäule nach Karthago zurück.

Wieder schlug die Pforte zu und diesmal stießen die Männer nicht mehr dagegen. Sie wandten sich ab und gingen dorthin zurück, woher sie gekommen waren.

Am Stadttor warfen ihnen die Wächter schadenfrohe Blicke zu und einer meldete spöttisch: »Eure Pferde, edle Herren, sind schon vorbeigetrabt.«

Die drei würdigten ihn keiner Antwort.

Kurz darauf winkte der Älteste die anderen in eine Seitengasse, wo er sich vor Lauschern sicher glaubte. Er sah sich vorsichtig um und flüsterte: »Dass zwischen dem Orakel von gestern und der Drohung von heute ein Zusammenhang besteht, ist sicher.«

»Klar«, bestätigten die Kumpane.

Der Älteste fuhr fort: »Ebenfalls sicher ist, dass Hamilkar Barkas uns gefährlich werden könnte.«

Die anderen nickten.

»Er führt Krieg in Spanien«, meinte der Älteste. »Kriege sind auch für Feldherren lebensgefährlich. Dem Hamilkar könnte etwas zustoßen.«

»Vielleicht schon bald«, warf der Zweite ein. »Iberische Pfeile haben auch vor den Barkiden keinen Respekt.«

»Wer würde dann den Oberbefehl über das karthagische Heer übernehmen?«, fragte der Älteste.

»Wahrscheinlich Hamilkars Schwiegersohn«, antwortete der dritte Mann, »Hasdrubal der Schöne.«

»Richtig«, flüsterte der Älteste. »Und wenn auch der schöne Hasdrubal . . .?«

»Dann käme höchstwahrscheinlich Hannibal an die Macht«, sagte der Zweite, »der Junge, den Hauptmann Melech nach Spanien bringt. Die Söldner hängen an den Barkiden. Und Melechs Sohn bürgt mit zwei Leben für Hannibal.«

»Das ist es«, sagte der Älteste und schnippte mit den Fingern. Er winkte die anderen dicht zu sich heran und flüsterte noch leiser: »Wenn nun der Sohn des Melech dem Hannibal kein einziges Leben opfern könnte? Und wenn Hannibals Leben mit dem des Melechsohnes so eng verbunden wäre, dass beide am selben Tag sterben müssten? Ich meine – am gleichen Tag, an dem wir das Söhnchen des Melech . . .«

Da fiel ihm der Jüngste ins Wort. »Mord an einem Jungen, der eben erst geboren wurde?«, sagte er unbehaglich. »Die Hexe droht mit dem Zorn der Göttin, wenn wir ihn anrühren.«

Der Älteste lachte böse. »Wir rühren das Knäblein nicht an«, spottete er. »Das lassen wir andere tun. Diese anderen Bösewichte darf die Göttin bestrafen.«

»Ein guter Gedanke«, lobte der Zweite.

Sie gingen auseinander, jeder seines Weges. Ganz in der Nähe verschwand auch der Schatten, der ihnen gefolgt war.

Dies geschah – nach altrömischer Zeitrechnung – im Jahre 518 nach der Gründung Roms; 235 vor Christi Geburt, sagen wir heute.

Nefer und Yahann

Der Schatten hieß Nefer. Sie war eine ägyptische Sklavin, dreizehn Jahre alt und ihrer Herrin, der Gattin des Hauptmanns Melech, treu ergeben.
An ihre Kindheit erinnerte sie sich mit Schaudern. Da, wo sie zur Welt gekommen war und die Kinderjahre verbracht hatte, waren Hunger, Krankheit und Schläge gewesen. Sie, Nefer, war das dritte von vierzehn Kindern. Die Familie hatte ihren Lebensunterhalt mit Betteln und Stehlen verdient, weil Vater lieber trank als arbeitete und Mutter kaum Zeit zum Geldverdienen fand, weil sie jedes Jahr ein Kind bekam.
Eines Tages beschloss der Vater seine Töchter auf dem Sklavenmarkt zu verschachern. Er begann mit Nefer. Sie war damals etwa neun Jahre alt gewesen und hatte Glück. Ein reicher Karthager kaufte sie als Hochzeitsgeschenk für seine Schwester, die mit dem jungen Melech, einem Offizier des Hamilkar Barkas, vermählt wurde. Melech verbrachte nur eine kurze Zeit nach der Vermählung in Karthago, dann rief ihn der Befehl des Oberfeldherrn wieder zum Heer.
Nefer schwärmte für Melech; er merkte es nicht.
Es ging ihr gut in seinem Hause; und sie dankte den Göttern für ihr Sklavenleben, das hundertmal besser war als »die Freiheit« in der Familie des Säufers, der sie verschachert hatte.

Melech kam selten nach Hause und immer nur für kurze Zeit; doch Nefer sah die wenigen Tage als Geschenke der Himmlischen an, obwohl sie der junge Hauptmann kaum beachtete.

Sie freute sich, als ihm die Herrin endlich einen Sohn schenkte, und war zugleich traurig. Sie dachte daran, dass in Ägypten zwölf- und auch schon elfjährige Mädchen verheiratet wurden – und dass das zappelnde Bündel, das der Hauptmann »Chero« nannte, auch *ihr* Kind sein könnte, der Sohn der Nefer.

Melech zuliebe beschloss sie Chero zu bemuttern. Seinetwegen diente sie der knapp neun Jahre älteren Herrin weiterhin ergeben ...

Heimlich war sie gestern Abend dem Hauptmann in den Palast der Barkiden nachgeschlichen, hatte den Spruch der Hexe gehört und war dann den Männern gefolgt, die sie als Verschwörer erkannt hatte.

Am Morgen vertraute sie sich der Herrin an, beruhigte die Erschrockene und erbat die Erlaubnis, den Männern zur Höhle der Hexe folgen zu dürfen.

Die Herrin erlaubte es. »Berichte mir, was du erfährst«, befahl sie aufgeregt.

Nefer versprach es und folgte den Verschwörern als Schatten. Sie spähte, lauschte und erschrak vor der Gefahr, die dem Knaben drohte, der das Licht der Welt kaum erblickt hatte.

Nachdem die Männer auseinander gegangen waren, rannte sie zu Melechs Haus. Der Türhüter ließ sie ein.

Vor dem Gemach der Herrin verstellte ihr der riesige Kelte Yahann, den Hannibals Mutter der Frau des Hauptmanns als Sklaven geschenkt hatte, den Weg.

»Mach Platz, du Büffel!«, fauchte Nefer. »Ich muss zur Herrin. Chero ist in Gefahr!«

Der Kelte packte sie am Handgelenk. »Du wirst der Herrin gar nichts von einer Gefahr erzählen«, brummte er gemütlich. »Die Herrin hat keine Amme für Chero genommen, sie stillt ihn selbst. Wenn du sie erschreckst, wird ihre Milch sauer und das junge Herrchen kriegt Bauchweh.«

»Lass mich los, du Ochse!«, keuchte Nefer und stieß mit den Füßen nach ihm.

Er drückte fester zu. »Wenn du noch einmal Ochse zu mir sagst, leg ich dich übers Knie«, knurrte er beleidigt.

»Du tust mir weh«, stöhnte Nefer. »Und ich muss der Herrin melden...«

Er unterbrach sie. »Du wirst es *mir* sagen. Das ist viel besser, als wenn du die Herrin aufregst. Wenn du mir verrätst, wer unserem Säugling ans Leben möchte, kannst du dich drauf verlassen, dass der Halunke es niemals tun wird. – Also?«

Nefer schnappte nach Luft.

»Ich höre«, brummte der Riese.

Nefer erzählte. Nur den Spruch, den die Hexe den Verschwörern gesagt hatte, konnte sie nicht wiederholen; sie hatte ihn nicht verstanden.

»Hast du die drei erkannt?«, fragte Yahann.

Nefer kannte sie nicht mit Namen, aber sie beschrieb sie so, dass Yahann sie erkannte. »Dann kann's ja losgehen«, brummte er grimmig.

Die Tür zum Zimmer der Herrin ging auf, die älteste Sklavin steckte den Kopf durch den Türspalt und zischte: »Was soll der Krach? Die Herrin und das kleine Herrchen schlafen.« Sie funkelte den Kelten an. »Hast du im Hause des Hamilkar Barkas keine besseren Manieren gelernt, du Barbar?«

»Nein, du älteste aller Fetten«, spottete Yahann.

»Verschwindet!«, fauchte die Alte empört.

»Na also«, sagte Yahann zu Nefer, »so löst sich alles von selbst. Die Dicke hat uns zu verschwinden befohlen, also verschwinden wir. Um die Verschwörer werde *ich* mich kümmern.« Er schubste die alte Sklavin ins Zimmer der Herrin zurück und drückte die Tür ganz sacht hinter ihr zu.

Nefer kauerte sich in einer Nische zusammen. »Mach's gut, keltischer Büffel«, murmelte sie und schlief ein.

Yahann huschte zum Ausgang, machte dem Türhüter ein Zeichen, steckte zwei Finger in den Mund und pfiff darauf.

Ein Bettlerjunge sauste heran, hielt die Hand auf und fragte: »Wie viel?«

»Ein paar hinter die Ohren, wenn du versagst«, antwortete Yahann, »und zwei Kupferstücke, wenn ich mit dir zufrieden bin.«

»Vier«, sagte der Bengel. Sie einigten sich auf drei.

Yahann flüsterte mit dem Bettlerjungen so leise, dass der Türhüter kein Wort verstand.

In der Nähe jaulte ein streunender Hund.

»So sollen auch *sie* jaulen«, sagte Yahann und meinte die Feinde seines jüngsten Herrchens, dessen Schlaf er bewachte.

Freunde

Yahann hatte Freunde in Karthago. Die meisten waren Leute, die kaum jemand beachtete, weil sie der Stadt keinen Gewinn brachten. Yahanns Freunde waren Bettler, die von der Hand in den Mund lebten. Wenn die milden Gaben der oft geizigen Vornehmen allzu spärlich flossen, versorgten sich die Ausgestoßenen durch Diebstähle, Raub und Schlimmeres. Wurden sie gefasst, waren die Strafen barbarisch; das Sterben am Kreuz dauerte lang.
Den Sklaven Yahann schätzten die Bettler wie einen Vater, der für eine große Familie sorgt.
Seitdem er Sklave war, diente er in den vornehmsten karthagischen Familien; und er hatte ein gutes Herz für jene, denen es schlechter ging als ihm. Immer wieder gab er den Bettlern Tipps, wo, wann und bei wem am leichtesten etwas zu holen war. Wenn die Vornehmen tafelten und den keltischen Sklaven, der sie bewachte oder bediente, nicht beachteten, hörte dieser aufmerksam zu, wie sie sich über Schiffsladungen unterhielten, über sichere Verstecke für Geld und Wertsachen – oder auch über unverschämte Bettler, die demnächst verhaftet werden sollten.
Yahann berichtete es weiter. So hatte er manchem Ausgestoßenen das Leben gerettet und den Bettlern ergiebige Verstecke verraten. Von jeder Beute nahm er den

zehnten Teil als Vermittlungsgebühr, für jede Lebensrettung ein Goldstück.

Als bärenstarker Kelte hätte er eigentlich ein Kriegsheld sein müssen, doch das lag ihm nicht mehr. Er konnte zuschlagen, wenn es sein musste; und die Familie, die ihn als Sklaven gut behandelte, hätte er bis zum Letzten verteidigt. Das Streben nach Kriegsruhm war ihm vergangen.

Den keltischen Fürsten, für den er gekämpft hatte, gefangen genommen und als Sklave verkauft worden war, hatte er ein einziges Mal gesehen und gehört. Kurz vor der Schlacht war es gewesen. Der Fürst hatte von Kampfgeist gebrüllt (gebrüllt deshalb, damit alle ihn hörten), von Heldentum und Heldentod. Und er hatte jedem Gefallenen ein herrliches Jenseits an der Tafel der Götter versprochen. Dann hatte er den Angriff befohlen.

Ein Hieb auf den Kopf, das Erwachen in Fesseln und der Verkauf auf dem Sklavenmarkt ließen Yahann diese Sprüche vergessen. Jetzt wollte er genügend Geld zusammenbringen, um sich freikaufen zu können. Deshalb nahm er den Zehnten und Gold von den Bettlern, denen er half. Karthagische Händler rechneten mit einem Mindestgewinn von einem Drittel. Yahann war bescheiden, weil er ein gutes Herz hatte.

Wer sollte es ihm verübeln, dass er von einem Leben in Freiheit träumte? Sobald er sich freigekauft hatte, wollte er auch für Nefer bezahlen und sie, dieses freche ägyptische Ding, zur Frau nehmen. Sie war dreizehn, er sechsundzwanzig. Das ist kein Unterschied, dachte er, weil keltische Männer viel länger leben als Ägypterinnen. Das hatte ihm ein Bettler erzählt, der drei ägyptische Ehefrauen überlebt hatte.

Jetzt schien die Erfüllung des Wunschtraums nahe gerückt. Yahann überlegte: Wenn ich – mit Hilfe der Bettler – den Mord an Chero verhindere, wird mich die Herrin fürstlich belohnen – vielleicht sogar mit der Freiheit.

Als er bis hierher überlegt hatte, kratzte er sich im Genick, schüttelte den Kopf und brummte: »Nein, es geht nicht nur ums Geld! Ich hab geschworen das Leben des kleinen Herrchens zu schützen. Das tu ich auch ohne Bezahlung.« Dann kratzte er sich wieder und sinnierte weiter: »Ich wär jedoch ein Rindvieh, wenn ich Silber- oder Goldgeschenke nicht annähme. Und wenn mir die Herrin die Freiheit aufdrängen sollte, sag ich nicht Nein.«

Der Einsatz war gefährlich. Yahann und »seine Bettler« stellten sich gegen zwei der vornehmsten karthagischen Sippen, die mehr als dreißig Stimmen im Rat der Hundert besaßen. Und hinter ihnen stand die Macht des Baal Hammon.

Yahann kannte die Männer, die zur Hexe der Tanit geritten waren. Nefer hatte sie ihm beschrieben.

Der älteste hieß Pero und war der Bruder des obersten Baal-Hammon-Priesters. Hammons Priesterschaft hasste die Sippe der Barkiden, seitdem der Oberfeldherr Hamilkar Barkas das Verbot von Menschenopfern durchgesetzt hatte. Pero war kein Priester, doch wollte auch er, dass Menschenopfer wieder eingeführt wurden. Dabei dachte er weniger an den Gott als ans Geschäft. Er und sein Schwiegersohn Hiran, der ihn zur Hexe begleitet hatte, betrieben die größten Waffenschmieden Karthagos.

Seitdem der Feuertod auf Hammons Altar nicht mehr drohte, muckten die Sklaven immer häufiger gegen die Schinderei in Peros und Hirans Betrieben auf. An das Ausgepeitschtwerden hatten sie sich gewöhnt. Doch seltsamerweise fürchteten sie das Sterben am Kreuz weniger als den Tod in Hammons Feuer. Kenne sich einer aus in Sklavenseelen!

Auf jeden Fall, dachten Pero und Hiran, ist es gut für die Arbeitsmoral, das Feuer wieder anzuschüren.

Der Krieg in Spanien brachte auch Hiran und Pero reichen Gewinn. Sie hätten Hamilkar danken müssen. Doch da war die Angst, dass die Barkiden allmächtig werden könnten. Also weg mit ihnen und ihren Freunden, selbst wenn es einen Säugling traf. Der spanische Krieg würde auch unter einem nicht barkidischen Oberfeldherrn Gewinn abwerfen.

Der jüngste Verschwörer hieß Samel. Er faulenzte im Handelshaus seines Vaters. Dessen Schiffe und Karawanen brachten Zinn und Silber aus Spanien nach Karthago, Elfenbein und Gold aus Afrika, Marmor von den Ägäischen Inseln, Duftstoffe und Salben aus dem Nahen Osten, Vasen und Statuen aus Griechenland, Tierfelle und Lebensmittel aus allen Ländern um das Mittelmeer herum und weit darüber hinaus.

Es war ein schwerer Schlag gewesen, als die Römer den Karthagern die Getreideinsel Sizilien weggenommen hatten. Jetzt musste Spanien für den Verlust einspringen. Dafür sorgte der Oberfeldherr Hamilkar Barkas. Er brachte den karthagischen Großhändlern Riesengewinne; und sie hassten ihn aus Furcht, dass er sich über sie erheben könnte. Also weg mit ihm und allen, die zu ihm hielten!

Einen neuen Oberfeldherrn hatten die Neider bereits gefunden: Samel. Er war neunundzwanzig Jahre alt, sehr bequem und würde sich bestimmt nicht zum Herrscher über Karthago aufwerfen. Wenn er den Söldnern den doppelten Sold versprach, würden sie ihn wohl wählen, dachten die Verschwörer. Und damit er alles richtig machte, würden ihm Pero und Hiran als Berater zur Seite stehen.

Der Bettlerjunge bestellte Yahanns Botschaft den Ausgestoßenen von Karthago. Mit Windeseile lief sie von einem Bettelplatz zum anderen, von Schlupfwinkel zu Schlupfwinkel.

»Yahann sagt, dass Pero, Hiran und Samel bezahlte Mörder in Melechs Haus schicken werden, damit sie Chero töten. Yahann hat geschworen das Leben des Kindes zu schützen. Er bittet seine Freunde ihm beizustehen. Bewacht Melechs Haus und überrumpelt die Mordbuben, bevor sie zuschlagen können. Nehmt sie gefangen und verkauft sie als Rudersklaven. Den Erlös teilt unter euch auf.«

Kurz darauf wunderten sich manche Karthager, dass Bettler ihre angestammten Plätze aufgaben und sich nicht mehr blicken ließen.

Dass dunkle Gestalten einen Ring um das Haus des Hauptmanns Melech schlossen, merkte nur der Sklave Yahann. Die Bettler, Diebe und Räuber von Karthago verstanden es meisterhaft, sich verstohlen zu bewegen ...

Je mehr Zeit verging, desto größer wurde die Spannung.

Erst am dritten Tag meldeten Späher dem Anführer der Bettler, den sie »König« nannten: »Nubische Söldner kommen zu dritt. Sie sind mit Dolchen bewaffnet.«

Kurz darauf erfuhr es Yahann. Nicht einmal Melechs Türsteher bemerkte das Zusammentreffen des keltischen Sklaven mit dem Bettlerkönig.

In Melechs Haus blieb es ruhig. Chero hatte getrunken und schlief. Nefer erzählte der Herrin von Ägypten. Die alte Sklavin war eingenickt. Draußen lauerten Yahann und die Bettler ...

Melechs Haus stand tiefer am Byrsahang als die Paläste der Reichen. Hohe Mauern und eine besondere Wache wären nicht nötig, meinte Melech. Den Karthagern sei ein kleiner Söldnerhauptmann viel zu unbedeutend, als dass er Feinde haben könnte.

Ein verhängnisvoller Irrtum; denn jetzt war Chero da, der den Mächtigen gefährlich schien ...

Yahann und die Bettler lagen in dem kleinen Garten vor Melechs Haus, dicht hinter der niedrigen Mauer. Sie duckten sich hinter den Büschen. Nur Yahann und der Bettlerkönig spähten vorsichtig ins Freie.

Die Abenddämmerung nahm zu, Dunkel kroch über Karthago. In den Häusern flackerten Öllichter auf.

Da flüsterte der Bettlerkönig: »Sie kommen.«

Ein Bettler stieß den anderen an. Sehnige Gestalten duckten sich zum Sprung.

Dann ging es Hieb auf Hieb. Drei Schatten sprangen über die Mauer, es raschelte, stöhnte – und schon war es wieder still.

Finstere Männer schleppten drei Bündel auf Schleichwegen zum Handelshafen. Dort lag ein ägyptischer Segler, der mit Sonnenaufgang ablegen sollte. Achtzig Sklaven waren an die Ruderbänke gekettet. Der Bedarf an Ruderern war groß. Wenn der Wind schlief, mussten sie sich in die Riemen legen. Dann kippten Entkräftete immer wieder um.

Der Kapitän kannte den Bettlerkönig seit Jahren. Sie begrüßten einander mit Handschlag.

Drei Bündel wurden auf das Deck geworfen.

Als die Bettler – ohne Bündel – von Bord gingen, waren sie sehr vergnügt. Der Kapitän hatte gute Preise bezahlt ...

Yahann nahm drei Dolche an sich, die in Melechs Garten liegen geblieben waren.

Der Herrin, Nefer und den anderen im Hause sagte er

nichts von dem Überfall. Das hatte Zeit. Der Türhüter konnte nichts melden, weil er nichts gesehen hatte. Er lehnte noch immer an der Mauer und schlief. Das Säftlein, das ihm der freundliche Yahann in einer Schale Wein gereicht hatte, wirkte lange und tief.

Die Ratten des Baal Mot

Am nächsten Morgen erschraken die Herren Pero, Hiran, Samel und ihre Gemahlinnen zu Tode. Kurz nach Sonnenaufgang flogen Steine in ihre Schlafzimmer und schlugen dumpf – Baal Hammon sei Dank! – nicht auf ihren Köpfen, sondern auf dem Fußboden auf. Dumpf deshalb, weil sie in ägyptische Papyri eingewickelt waren.

Die Damen und Herren schrien nach Sklaven und Sklavinnen. Die stürzten herein, doch niemand hatte etwas gehört oder gesehen. Über die Mauer, beteuerten die Wächter, sei kein Mensch gestiegen.

Alle Fensteröffnungen gingen (wie in den meisten Palästen der Vornehmen) auf die Innenhöfe hinaus. Nach außen trutzten fensterlose Wände.

Die Steinewerfer mussten die Lage der Schlafräume genau gekannt haben. – Oder hatten Dämonen die Mauern überstiegen und die Steine geschleudert?

Es dauerte eine Weile, bis die Erschrockenen die Papyri von den Steinen lösten. Die Botschaft war in griechischer Sprache geschrieben. Sie lautete:

»An die Verbrecher Pero, Hiran und Samel. Eure Mordbuben sind an Ruderbänke gekettet.
Solltet Ihr noch einmal Mörder auf den Sohn des Melech hetzen, werden nicht nur diese, sondern

auch *Ihr* als Rudersklaven enden. Ihr werdet auf Schritt und Tritt beobachtet. Falls Ihr die Dolche Eurer Mordbuben als Beweise verlangt, malt Tanits Zeichen an Eure Tore.«

Unter der Botschaft stand kein Name. Dem Ausdruck und der Schrift nach musste ein Gebildeter die Drohbriefe geschrieben haben; ein Grieche wahrscheinlich. Doch wie ihn finden?
In Karthago gab es viele griechische Gelehrte. Jede bessere Familie fühlte sich verpflichtet ihre Sprösslinge von Griechen erziehen zu lassen. Selbst der Oberfeldherr Hamilkar Barkas ließ seinen ältesten Sohn Hannibal von dem Griechen Sosylos unterrichten – jetzt sogar drüben in Spanien. Samel lief zu Hiran, beide zusammen eilten zu Pero. Sie berieten aufgeregt.
Von Dämonen war nicht mehr die Rede; denn da war manches, das nicht dämonisch war: die griechischen Drohbriefe zum Beispiel. Warum sollte ein karthagischer Dämon griechisch schreiben? Und warum überhaupt schreiben? Ein Dämon hätte seine Drohung herausgebrüllt, dass jedes Haus gewackelt hätte. Und warum erst drohen? Dämonen packten zu und drehten denen, auf die sie wütend waren, die Hälse ins Genick. Und es gab erst recht keine Dämonen, die das Zeichen der Göttin Tanit forderten!
»Die Halunken haben Verbündete in unseren Häusern«, sagte Pero.

Am Nachmittag wurden Sklaven, Sklavinnen und Freigelassene der Familien Samel, Hiran und Pero Verhören unterzogen, die sie lange nicht vergaßen.
Es kam nichts dabei heraus.

Dabei war alles so einfach gewesen.
Yahann und Vertraute des Bettlerkönigs hatten Peros, Hirans und Samels Bedienstete teils bestochen, teils ohne Bestechung ausgehorcht und erfahren, wo die Herrschaften schliefen. Auch das Griechische war kein Problem. Unter den Bettlern befanden sich arbeitslose Gelehrte, die sich in allen möglichen Sprachen ausdrücken konnten. Und ehemalige Söldner, die wegen ihres Alters oder schwerer Verwundung mittellos aus der Armee entlassen worden waren, gab es genug. Manche hatten sich den Bettlern, Dieben und Räubern angeschlossen. Geschickte Schleuderer von den Balearischen Inseln waren darunter.
Peros, Hirans und Samels Paläste lagen auf der Kuppe des Byrsahügels in der Nähe der Tempel. Sie hatten nur ein Erdgeschoss und zwei Stockwerke. Im Gegensatz zu den viel höheren Mietshäusern weiter unten am Hang verschwanden sie beinahe unter den weit ausladenden Bäumen, die an der Gartenmauer wuchsen und die Paläste um zwei bis drei Mannshöhen überragten.
Der Bettlerkönig hatte die geschicktesten Schlingenwerfer und die besten Schleuderer ausgewählt. In der Morgendämmerung hatten die Werfer ihre Schlingen

um dicke Äste geworfen. Die Schleuderer waren in die Baumkronen gehangelt und so weit nach oben gestiegen, dass sie in die Schlafzimmerfenster zielen konnten.
Kurz nach Sonnenaufgang schossen sie die Steine ab und verschwanden, wie sie gekommen waren. Die Seile nahmen sie mit.

Die Herren Pero, Hiran und Samel berieten fieberhaft.
»Ob wir die Hexe noch einmal fragen sollen?«, meinte Hiran.
Da schmetterten Hornstöße vom Hafen herüber: dreimal lang – dreimal kurz – lang – kurz – lang – kurz – lang ...
Das bedeutete: Karthagisches Handelsschiff mit Ladung legt an! Pero, Hiran und Samel vergaßen die Steine.
Ein karthagisches Handelsschiff mit Ladung!
Eines meiner Schiffe, mit Zinn und Silber aus Spanien oder mit Marmor aus der Ägäis beladen, dachte Samel.
Unser Schiff, beladen mit Erz für unsere Schmieden, hofften Pero und Hiran.
Die Hörner schmetterten weiter.
Sooft karthagische Handelsschiffe voll beladen zurückkehrten, waren dies Ereignisse, die gefeiert werden mussten. Zu viele Gefahren lauerten auf See: Stürme, Riffe und Schiffbruch, Seuchen und Räuber ...
Pero, Hiran und Samel liefen zum Handelshafen und waren bald in der Menge eingezwängt, die mit ihnen vorwärts drängte. Die meisten waren Neugierige, dann Bettler, die auf milde Gaben der heimkehrenden Schiffs-

leute hofften, und Diebe, die sich im Gedränge bereicherten.

Samel, Hiran und Pero stießen und wurden gestoßen, schimpften, wurden beschimpft und ärgerten sich keine Sklaven mitgenommen zu haben, die ihnen den Weg frei machten. Und sie merkten nicht, dass ihnen Spaßvögel tote Ratten an den Rücken hefteten. Es geschah so geschickt, dass die Nadeln nur den Stoff fassten und kein bisschen in die Haut pieksten.

Hiran, Pero und Samel wunderten sich, dass die Leute plötzlich vor ihnen zurückwichen. »Was ist?«, fuhr Pero einen Bettler an. Der Mann duckte sich und tauchte in der Menge unter.

Samel entdeckte die Ratte an Pero, erschrak, griff an den eigenen Rücken, fühlte den Kadaver und riss ihn ab. »Ratten«, zischte er. »Jemand hat uns tote Ratten angehängt!«

In weitem Bogen schleuderten sie die Kadaver in die Menge.

Die Leute schrien auf. Ratten galten als dämonische Bestien, die nicht nur Seuchen und Verderben über jene brachten, die sie berührten. Es hieß, dass Baal Mot, der Gott des Todes, seine Ratten auf Mörder hetzte, um den Verworfenen ein schreckliches Ende anzudrohen.

Die Hörner schmetterten nicht mehr. Das war Zufall; doch die verstörte Menge nahm es als Zeichen. Ängstliche drängten aus dem Gewühl hinaus und liefen in die Stadt zurück. »Ratten!«, riefen und kreischten sie. »Rettet euch vor den Ratten des Baal Mot!«

Nur mit Mühe verhinderten Beherzte eine Panik.

Abseits der Menge stand eine Gruppe von Bettlern, unter ihnen die drei, die Pero, Hiran und Samel die Ratten angehängt hatten. Sie grinsten zufrieden.

Die Warnung mit den Ratten hatte Yahann ausgedacht, um den Schurken, die Mörder auf einen Säugling hetzten, einen Denkzettel zu verpassen.

Der Bettlerkönig hatte eine Belohnung springen lassen. Die war ihm der Spaß wert.

Pero, Hiran und Samel brauchten nicht mehr zu drängeln. Die Ratten des Baal Mot bahnten ihnen eine breite Gasse zum Schiff.

Dann ballten die Herren die Fäuste. Der Segler gehörte einem Onkel des Hamilkar Barkas. Wütend eilten die Enttäuschten aus dem Hafen und die Leute machten ihnen Platz . . .

In Melechs Haus war Friede. Yahann blieb wachsam; und Nefer bemutterte den kleinen Chero, als ob er ihr Sohn wäre.

Nach sieben ruhigen Tagen berichtete Yahann der Herrin, was geschehen war. Sie dankte ihm und sandte den Bettlern ein Geldgeschenk.

Als Hamilkars Gattin von dem Mordanschlag auf Chero erfuhr, befahl sie zuverlässigen Söldnern Melechs Haus Tag und Nacht zu bewachen. Alle sechs Stunden sollte ein Trupp den anderen ablösen. »Solange dein Chero lebt, so lange wird auch mein Hannibal leben«, sagte sie zu Cheros Mutter. »Meine Wächter werden deinen Sohn

beschützen. Wenn er gehen gelernt hat, werden sie ihn begleiten und mit ihrem Leben für seines bürgen.«
Melechs Frau schwieg. Nachdem die andere gegangen war, beugte sie sich über Chero, strich ihm über den Kopf und flüsterte: »Es wird dir gut gehen, mein Sohn – wie einem vornehmen Gefangenen; denn nie sollst du ohne Wächter sein.« Sie schüttelte den Kopf. »Was für ein Leben, Chero!« Dann ballte sie die Fäuste und stöhnte: »Hättest du doch geschwiegen, verdammte Hexe der Tanit!«
Das Kind verzog die Lippen, als ob es lächelte.

Verstärkt wurden auch die Wachen um Peros, Hirans und Samels Paläste. Die Herren glaubten zwar nicht, dass Baal Mot die Ratten geschickt hatte; doch hielten sie die Kadaver und die Steine mit den Botschaften für Drohungen, die sie nicht leicht nehmen durften.
Das Zeichen der Tanit ließen sie nicht an ihre Tore malen. Sie legten keinen Wert auf die Dolche der Männer, die an Ruderbänke gekettet waren.
Pero, Hiran und Samel verabredeten Chero eine Zeit lang in Ruhe zu lassen, um seine Beschützer nicht zu reizen. Später, wenn der missglückte Mordanschlag vergessen war, wollten sie einen neuen Plan gegen den Sohn des Melech überlegen...
In und um Karthago geschah in den nächsten Monaten nichts Aufregendes mehr. Handel und Handwerk liefen wie gewohnt. Es brach kein Feuer aus und kein Seeräu-

berschiff kreuzte in gefährlicher Nähe. Es gab kein Erdbeben und keine schlimme Nachricht aus Spanien.

Chero gedieh und bekam eine kräftige Stimme. Seine Mutter, die alte Sklavin, Nefer und Yahann fanden ihn liebenswert und seine Stimme prächtig. Die anderen Sklaven und die Wächter hielten sie für Gebrüll und den Schreihals für einen Bengel, der dringendst erzogen werden sollte ...

Den heißen Monaten der Dürre folgte die warme Regenzeit, dieser die Zeit der Kühle. Yahann erzählte vom Winter in seiner Heimat und dass der Schnee dort bis in die Täler reiche. Nefer hielt ihn für einen Spaßvogel, der sie veralbern wollte. Wenn er sie dann auch noch anhimmelte, streckte sie ihm die Zunge heraus und lief davon.

Da geschah Schreckliches, das die Ratten des Baal Mot plötzlich wieder in aller Erinnerung brachte. Samel verunglückte auf dämonische Weise.

Als er sich auf einem Schiff seines Vaters umsah, fiel ihm ein verschmutzter Mantel auf, der in der Kapitänskajüte liegen geblieben war. Samel bückte sich, um ihn aufzuheben, griff zu und schrie. Siedender Schmerz brannte von der Hand in den Körper.

Samel schleuderte den Mantel weg und starrte auf den Skorpion, der sich darunter verkrochen hatte. Es war kein kleines schwarzes Tier, dessen Stich zwar schmerzte, doch harmlos war; es war einer jener großen gelben Skorpione, die den Tod in sich trugen. Samel zertrat ihn, quälte sich an Deck, gurgelte und brach zusammen. Als ihm erschrockene Sklaven zu Hilfe eilten, huschte in der Nähe eine Ratte davon.

Die Sklaven murmelten Beschwörungen, setzten den Herrn in die Sänfte und liefen im Trab.

In Samels Palast konnte der hebräische Hausarzt nur noch den Tod des Herrn feststellen.

Helden

Die Trauer um Samel war nicht groß. Seine knapp zwanzig Jahre alte Gattin hatte ihn nicht aus Liebe, sondern auf Befehl ihres Vaters geheiratet und die kurze Ehe war kinderlos geblieben.
Auch die Eltern nahmen den Tod ihres Sohnes gelassen. Laut zu klagen wäre nicht vornehm gewesen. Samels Mutter weinte im Geheimen.
Die Sippe legte weiße Trauerkleider an, der Vater bereitete das Begräbnis vor. Göttern und Göttinnen wurde geopfert, den einen Tiere, anderen Früchte oder Getreide. Die Opfer hatten geringen Wert. Für einen Toten viel auszugeben galt als Verschwendung. Dafür murmelten Angehörige und Freunde lange Gebete.
Samels Körper wurde gewaschen und bekleidet. Die Wangen des Toten wurden rot geschminkt, um die Augen dunkle Ränder gemalt. Eine silberne Halskette, an der fünf kleine gläserne Masken hingen, sollte böse Geister von dem Verstorbenen abschrecken. Und das persönliche Siegel, das ihm ins Grab mitgegeben wurde, würde ihn auch in der anderen Welt als den vornehmen Handelsherrn Samel ausweisen.
In einem einfachen Holzsarg wurde der Verstorbene von Sklaven in die Totenstadt getragen, die sich an die Mietshäuser am Talgrund anschloss. Nur die nächsten Angehörigen und Freunde gingen im Trauerzug mit. El-

tern, Schwiegereltern und Gattin trugen Schalen mit geröstetem Getreide und gedörrten Früchten, ein Gefäß voll Wein, eine Öllampe und ein Kästchen mit stark duftenden Kräutern. Um Samels Ruhe nicht zu stören, spielte keine Musik.

In der Totenstadt hatten Sklaven aus Marmorquadern das Seelenhaus gebaut. Ein Künstler hatte das Innere mit grellfarbigen Schutzgöttern bemalt, die gegen Dämonen kämpften.

Die Träger hoben den Sarg auf einen Marmorsockel. Samels Angehörige stellten Wein, Getreide, Früchte und Kräuter davor ab. Die Witwe entzündete die Öllampe. Dann segneten sich alle mit beschwörenden Zeichen und verließen das Seelenhaus. Bausklaven vermauerten hastig den Ausgang.

Die Karthager glaubten, dass die Seele eines Verstorbenen eine Zeit lang im Totenhaus bleiben müsse, bevor sie in die Ewigkeit entschweben dürfe. Je nach den guten und schlechten Taten, die der Abgeschiedene zu Lebzeiten begangen hatte, dauerte diese Zeit wenige Monate oder ein ganzes Jahr lang. Gelang es der Seele, das Grab zu verlassen, wurde sie zum Dämon, der die Hinterbliebenen quälte.

Deshalb versuchten die Angehörigen ihr mit Licht, Bildern, Speisen, Getränken und Kräuterduft die Prüfungszeit im Grabe so angenehm zu machen, dass sie sich wohl fühlte und blieb. Feste Mauern sollten ihr trotzen, falls sie mit ihrem Haus nicht zufrieden war ...

Das Totenmahl der Hinterbliebenen war üppig und schmeckte. Als Hauptgericht gab es die »Puls punica«, einen Brei aus Gerstenmehl, Frischkäse, Eiern und Honig; als besondere Delikatesse mit Knoblauch gewürztes Hundefleisch und als Gemüse Artischocken. Der Wein war stark, floss wie Öl und löste die Zungen. Die Stimmung wurde heiter. Hiran, der mit Pero am Begräbnis des Freundes teilgenommen hatte, hob seinen Becher und rief in die Runde: »Samel soll leben! Trinken wir auf seine Gesundheit!«
Die anderen erstarrten; es wurde totenstill.
Hiran begriff, dass er Ungehöriges gesagt hatte, murmelte eine Entschuldigung, trank – und kippte vornüber.
»Er verträgt nicht viel«, sagte Pero, packte den Beduselten und zog ihn ins Freie. Der Türhüter grinste.
Hufschläge klapperten heran. Aus der nächsten Seitengasse bogen zwei Reiter ein. Pero erkannte den ersten und erschrak. »Hauptmann Melech«, murmelte er. »Diese Ratte schickt uns Baal Mot über den Weg.«
»Ratten – sind lieb«, lallte Hiran. Dann bekam er den Schluckauf. Hauptmann Melech hob die Hand. »Gruß euch«, sagte er knapp.
»Gruß dir«, antwortete Pero.
»Ratten – sind lieb«, brummelte Hiran noch einmal.
»Ist ihm nicht gut?«, erkundigte sich Melech.
»Spar deinen Spott!«, zischte Pero und zerrte Hiran fort.
»Wieso Spott?«, fragte Melech.

Sein Begleiter belehrte ihn: »Die Frage, Hauptmann, ob einem Beduselten nicht gut sei, wird von manchem nüchternen Begleiter für Spott gehalten; vor allem dann, wenn der Nüchterne mit dem Beduselten verwandt ist.«

»Danke, Sosylos«, sagte Melech. »Doch jetzt nach Hause!« Er trieb sein Pferd an.

»Immer diese Eile«, seufzte der Grieche. »Dabei müsstest du wissen, dass ich eilende Rosse verabscheue. Galopp schmerzt im Gesäß.«

»Komm schon!«, rief Melech und preschte davon. Das Pferd des Sosylos jagte von selbst hinterher. Dem Griechen war es, als sprühten die Funken aus dem Pflaster in seinen verlängerten Rücken hinein.

Zum Glück dauerte es nicht lange.

Aufatmend verabschiedete sich Sosylos vor dem Hause des Hauptmanns. Dann ritt er gemächlich zum Palast der Barkiden, um der Herrin über Hannibal zu berichten.

Hamilkars Gattin hieß ihn willkommen. »Nimm ein Bad«, sagte sie, »lass dir eine Mahlzeit zubereiten und dann erzähl mir von Spanien . . .«

Groß war die Freude im Hause des Hauptmanns. Melech war überraschend gekommen. Dem Boten, den er aus Spanien vorausgesandt hatte, musste unterwegs etwas zugestoßen sein. Er hatte Karthago noch nicht erreicht.

Der Türsteher rief ins Haus, dass der edle Herr soeben

angekommen sei. Yahann verständigte die Herrin. Sie zitterte vor Freude.

Cheros Wächter standen stramm, Sklaven und Sklavinnen liefen durcheinander und Nefer strahlte.

Nur Chero blieb ungerührt. Er schlief.

In aller Eile wurde ein Festmahl zubereitet.

Nachdem Melech gebadet und sich umgekleidet hatte, durfte Nefer ihn und die Herrin bei Tisch bedienen. Der Hauptmann sagte ihr ein paar freundliche Worte und sie war glücklich.

Dann schickte die Herrin sie hinaus. »Geh«, sagte sie. »Den Wein schenke ich selbst nach.«

Nefer verneigte sich und ging.

Draußen lief ihr Yahann in den Weg. »Hast du was?«, erkundigte er sich. »Ich meine, weil du so belämmert guckst.«

»Du hast mir grade noch gefehlt!«, zischte sie ihn an und lief davon.

Yahann schüttelte den Kopf. »Dass ein Mädchen wie Nefer so dumm sein kann«, brummte er vor sich hin. »Hat Augen auf den Herrn geworfen, der ihr genauso unerreichbar ist wie ein Gott. Und mich, den Erreichbaren, beachtet sie nicht!« Er seufzte. »Aber vielleicht wird sie gescheiter.« Dazu drückte er die Daumen. Das war eine keltische Beschwörungsgeste. Sie sollte Wünschen magische Kräfte verleihen ...

In Hamilkars Palast hatte der hochgelehrte Sosylos ebenfalls gebadet, sich umgekleidet und saß zu Tisch; aller-

dings nicht mit der Herrin, sondern mit dem Sklavenaufseher, dem Kommandanten der Wächter und zwei freigelassenen Dienern. Sie speisten in der Küche. Trotz seiner Gelehrsamkeit war auch Sosylos nur ein Diener. Ein Platz an der herrschaftlichen Tafel stand ihm nicht zu.
»Hattest du eine gute Reise?«, erkundigte sich der Wächterkommandant, der für sein Leben gern zur See gefahren wäre.
Sosylos winkte ab. »Diese verwünschte Reise gönne ich nicht einmal meinen Feinden«, brummte er missmutig, trank einen Schluck und stellte fest: »Auch der Wein ist sauer. Welch ein Verfall der Kultur!«
»Sprich von der Reise«, bat der Sklavenaufseher.
Sosylos nickte ergeben. »Also bitte. – Auf Befehl des Oberfeldherrn Hamilkar Barkas ritten wir aus dem spanischen Feldlager weg. Es liegt im Süden der schrecklichen Iberischen Halbinsel. Dort hausen Barbaren, die sich dagegen wehren, von karthagischen Truppen besiegt zu werden. Es ist ein unbarmherziger Krieg. Da brennen Höfe und Hütten, es wird geraubt, geplündert, getötet . . .«
Der Kommandant unterbrach ihn ungeduldig: »Komm endlich zur Reise!«
»Ja doch«, murrte Sosylos und fuhr fort: »Hamilkar Barkas schickte Hauptmann Melech mit fünfzig Söldnern und dreihundert Kriegsgefangenen zur Küste. Mir befahl er den Trupp zu begleiten. Nicht der Gefangenen wegen, die jetzt als Sklaven von Bord getrieben werden.

Ich soll in Karthago bleiben, um Hannibals Brüdern griechische Bildung beizubringen.« Er seufzte gehaltvoll. »Den Knaben Hannibal, der meine Erziehung weiterhin nötig hätte, macht sein Vater zum Krieger. Der Grünschnabel hat auch schon an der Erstürmung einer Festung teilgenommen. Was für eine Zeit, in der Kinder zum Töten missbraucht werden!«
»Bei Baal Mot«, schimpfte einer der Feigelassenen, »erzähl von der Reise!«
Sosylos warf ihm einen vorwurfsvollen Blick zu und kam zur Sache. »Vom Lager bis zur Küste«, erzählte er mürrisch, »saß ich auf einem Gaul, der mich nicht leiden konnte. Er schüttelte mich durch und durch. An Bord des Seglers wurde es noch schlimmer. Stürme fuhren aus den tiefsten Tiefen des Meeres und peitschten die Wogen zu schrecklicher Höhe.« Er trank einen Schluck Wein, verzog das Gesicht und stöhnte: »Das Schlimmste jedoch ist das karthagische Straßenpflaster, das Allerschlimmste – eure Fragerei.« Noch einmal griff er zum Becher. »Diesen Schluck zuletzt, weil ich der Herrin berichten und morgen mit der Erziehung der beiden Schnösel – Verzeihung! –, ich meine, mit der Erziehung der jungen Herren Hasdrubal und Mago beginnen muss. Ich wünsche euch den Segen der Götter, an die ihr glaubt.« Er trank aus, erhob sich und ging.
»Was für ein Grieche«, spottete der Sklavenaufseher. »Ausgerechnet so einer kommt aus dem Volk, das seine

Helden zu Göttern und Halbgöttern macht – den Herakles zum Beispiel, den die Römer Herkules nennen.«
Sosylos hatte es gehört. Er wandte sich unter der Küchentür um, tippte sich an die Stirn und spottete zurück: »Götter und Halbgötter, sagst du?« Er lachte. »Selbst wenn du mich dann für einen Ungläubigen hältst, sag ich es dir: Diese göttlichen und halbgöttlichen Helden sind göttliche und halbgöttliche Dummköpfe, die lieber mit den Fäusten denken statt mit dem Gehirn. Vielleicht haben sie keines. Doch solche Helden gibt es nicht nur in Griechenland.« Er nickte dem Spötter zu. »Denk mal drüber nach – du Held.« – Und er ging, um der Herrin zu berichten.

Das Amulett

Die Nacht war düster. Qualmende Pechpfannen beleuchteten spärlich die Gassen Karthagos. Dumpf klangen die Stimmen der Stadtwächter, die einander anriefen. Nur der Tempel des Hammon glänzte in freundlichem Licht. Hier, auf der Höhe des Byrsahügels, brannten Fackeln, duftendes Öl in riesigen Schalen, und das Pech in den Tempelpfannen rußte weniger als das ungereinigte der Gassenbeleuchtung.

Duftöl brannte auch im Haus des Melech. Der Hauptmann und seine Frau hatten einander viel zu erzählen. An Schlaf dachten sie nicht, kaum noch ans Trinken. Der geharzte griechische Wein wurde schal in den Bechern.

Die Frau erzählte von dem vereitelten Mordanschlag auf Chero, lobte Yahann und klagte darüber, dass ihr Sohn sein Leben lang von Leibwächtern begleitet werden sollte.

Der Hauptmann erzählte von Spanien, der fernen Halbinsel, die aus Flusstälern und Wüste bestand und aus himmelhohen Bergen, auf denen jetzt Schnee lag. Da sei ein kleiner Hafen hinter den Säulen des Herakles mit einem Dorf auf winziger Insel und der Hafen heiße Gades. Von da sei Hamilkar Barkas mit seinem Söldnerheer aufgebrochen, um Spanien für Karthago zu gewinnen. Jetzt habe er den Süden erobert und iberische Freiwillige seien ihm zugelaufen. Zurzeit ruhten die Kämpfe, die Söldner hätten Winterlager bezogen.

Chero hatte sich wieder einmal heiser gebrüllt. Nun schlief er und schnarchte.

»Ich will nicht, dass er auf Schritt und Tritt bewacht wird«, sagte die Mutter. »Es wäre ein erbärmliches Leben für ihn.«

Melech legte eine kleine Scheibe auf den Tisch. Sie war aus gebranntem Ton und hing an einer feinen Silberkette. »Ein zauberkräftiges Amulett«, erklärte der Hauptmann. »Es ist stärker als ein Trupp von Leibwächtern.«

»Das wäre gut«, sagte die Mutter. »Woher hast du es?«

Melech erzählte: »Als ich Hannibal zu seinem Vater gebracht und diesem von dem Orakel erzählt hatte, deutete der Oberfeldherr den Spruch auf seine Weise. Solange Chero lebe, so lange werde auch Hannibal am Leben bleiben, sagte er. Doch Wächter allein könnten keinen Menschen sicher beschützen. Viele seien trotz aller Leibwächter ermordet worden. Zauber sei besser. Und weil er karthagischen Göttern allein nicht traute, ließ er einen keltischen Druiden kommen, einen jener Zauberpriester, denen viele Iberer vertrauen. Für den Zauber des Druiden schenkte Hamilkar Barkas zehn keltischen Sklaven die Freiheit. Der Priester ritzte das Zeichen des keltischen Kriegsgottes Belenus und geheimnisvolle Kritzel in eine Tonscheibe und erklärte, dass diese jeden verfluchten, der dem Träger des Amulettes Böses tue.«

»Kannst du den Zauber lesen?«, fragte die Frau.

Melech rief Yahann und reichte ihm das Amulett. »Deute die Zeichen«, befahl er.

Yahann konnte es. »Sie bedrohen den mit dem Fluch des Belenus, der dem Böses tut, der dieses Amulett trägt«, sagte er heiser. Und hastig, als brenne ihm der Talisman in den Händen, legte er ihn auf den Tisch zurück.

Der Hauptmann nickte ihm zu. »Du kannst gehen.«

Yahann ging sichtlich erleichtert.

Melech drehte das Amulett um. »In die Rückseite hat Hamilkar Barkas seine persönliche Botschaft geritzt«, sagte er, »nicht in keltischen Zeichen, sondern in phönikischen Buchstaben.« Er schob das Amulett seiner Frau zu.

Sie las: »Hamilkars Schwert schützt Chero im Namen des Baal Hammon. Tod seinen Feinden!«

»Chero hat allmächtige Beschützer«, sagte Melech.

»Tod allen Feinden«, flüsterte die Frau, »immer nur Tod.«

»Chero wird leben«, sagte Melech. Er ging zu dem Kleinen und hängte ihm den keltisch-karthagischen Zauber um den Hals. Chero schnaufte, dann schnarchte er nicht mehr. Melech nahm es als gutes Zeichen.

Pero und Hiran erfuhren durch ihre Spione von dem Amulett.

Hiran lud Pero zum Essen ein. »Es gibt Fisch«, sagte er. »Das ist zwar nur etwas für arme Leute, doch ich habe einen Koch gekauft, der Fische als Göttergerichte zubereitet.«

»Warum nicht mal Fisch?«, meinte Pero. »Mein hebräischer Arzt behauptet sowieso, dass Fisch bekömmlicher sei als Schaf, Rind und Hund.«

Sie setzten sich zu Tisch. Hiran ließ Wein aus dem spanischen Süden kredenzen.

»Ausgezeichnet«, lobte Pero. »Bei diesem wundervollen Tropfen lassen uns die Götter bestimmt einfallen, wie wir Chero trotz des Amuletts zu den Dämonen schicken können. Und wenn das Knäblein nicht mehr da ist, wird es auch der Barkidenbrut ans Leben gehen!«

Sie sprengten einige Tropfen Wein auf den Fußboden, um Götter und Göttinnen gnädig zu stimmen.

Das Fischfleisch war zartrosa und zerging auf der Zunge, der Wein floss wie Öl.

»Hervorragend«, schwärmte Pero, »himmlisch! Von jetzt an werde ich Fisch öfter . . .« Er sprach nicht weiter, griff sich an den Hals, gurgelte und fiel hintenüber. Sein Gesicht lief dunkelrot an.

Die bedienenden Sklaven jammerten hilflos. Hiran brüllte nach seinem ägyptischen Arzt. Bis dieser kam, verrann kostbare Zeit.

Dem Ägypter genügte ein Blick. »Gräte verschluckt«, stellte er fest. Dann rief er irgendeinen ägyptischen Gott an, griff Pero in den Mund und schüttelte den Kopf. Als er Daumen und Zeigefinger zurückzog, waren sie blutig. Pero lebte nicht mehr.

»Zu schnell für eine Gräte«, sagte der Arzt. »Da ist Zauber im Spiel.« Er hob die Hände. »Amun Ra schütze uns alle!«

Es gab viel Getuschel nach Peros Begräbnis und karthagische Händler machten gute Geschäfte mit Belenus-Amuletten, die sie angeblich von keltischen Druiden gekauft hatten. Hiran ließ im Garten seines Landgutes einen Belenus-Tempel errichten.
Um Chero wurde es ruhig und die Jahre gingen dahin...

Sechs Jahre später

Die Hexe kommt!«, riefen die Wächter vom Torturm nach Karthago hinein. »Die Hexe der Tanit!«
Sechs Jahre waren seit ihrem letzten Besuch vergangen. Den Orakelspruch für Chiro hatten die meisten Karthager vergessen.
Inzwischen war Wichtigeres geschehen.
Der Oberfeldherr Hamilkar Barkas hatte den spanischen Süden fest im Griff. Karthagische Schiffe brachten Zinn und Silber aus spanischen Bergwerken, spanischen Wein und spanisches Getreide, Sklaven für die Treträder in den Öl- und Purpurmühlen, für Schwerstarbeiten in den Häfen und auf den Landgütern vor Karthagos Mauern.
Die meisten karthagischen Großhändler und Großgrundbesitzer waren mit ihrem Oberfeldherrn zufrieden. Er machte sie von Monat zu Monat reicher. Die Befürchtungen, die Hiran im Rat der Hundert gegen die Barkiden vorbrachte, fanden jetzt viele Ratsherren sehr übertrieben. Hauptsache war, dass Gold und Silber in die Schatztruhen flossen . . .
»Die Hexe kommt – die Hexe!«, rief und tuschelte es in den Palästen der Reichen, in den Gassen der kleinen Leute, in den Armenvierteln und den Schlupfwinkeln der Gesetzlosen.
Es war Frühherbst und spät am Nachmittag. In den Gassen war es angenehm kühl.

Die Hexe ritt auf ihrem Maultier. In ihrer Kupfermaske spiegelten sich die letzten Sonnenstrahlen. Die Wächter grüßten, sie dankte ihnen nicht.

Auch diesmal ritt sie den Byrsahügel hinauf und zügelte das Maultier vor dem Palast des Hamilkar Barkas.

Der Türsteher verneigte sich und eilte ins Haus. Kurz darauf kam er mit einem hageren Mann zurück, verbeugte sich noch einmal und verdrückte sich in eine Nische.

Der Hagere half der Hexe abzusteigen, rief einen Sklaven und befahl ihm sich um das Maultier zu kümmern. Die Hexe winkte ab. »Sorg dich nicht um das Tier, Sosylos«, sagte sie. »Es wartet auf mich und niemand wird es mir stehlen.«

»Du kennst mich?«, fragte der Grieche erstaunt. Sie nickte und ging ihm voraus, zuerst in den Garten, dann in den Hof des Palastes. Sosylos folgte ihr verwirrt. Im Hof wartete Hamilkars Gattin. »Lass deine Söhne Hasdrubal und Mago rufen«, befahl ihr die Hexe, »dazu die Frau des Melech mit ihrem Sohn, den Kelten Yahann und die Ägypterin Nefer.«

Sosylos staunte immer mehr. Wieso wusste die Hexe, dass Melechs Gattin mit Chero zu Besuch gekommen war und Yahann und Nefer sie begleiteten?

Auch Hamilkars Gattin war verblüfft. Verwirrt nickte sie dem Griechen zu und Sosylos rief die Gäste.

Hannibals Brüder stellten sich gleichmütig, obwohl sie der Anblick der Maskierten erschreckte. Chero drückte die Hand seiner Mutter.

Yahann und Nefer blieben im Hintergrund stehen, wie es sich für Sklaven gehörte. Als der Kelte wie zufällig nach Nefers Arm griff, fuhr sie ihn an: »Pfoten weg, du Büffel!« Die Priesterin der Tanit hob die Hände und verkündete mit eintöniger Stimme, die von weit her zu kommen schien:

>»Es war eine trutzige Stadt
>in den Bergen des spanischen Ostens,
>verteidigt von Männern, Frauen und Kindern,
>die Hamilkar Barkas trotzten,
>um nicht als Sklaven zu enden.
>Kampf gab es ohne Erbarmen
>und Hamilkar fiel.«

»Nein!«, riefen Gattin und Söhne. Die Hexe blickte ins Leere und verkündete weiter:

>»Sie fanden den Körper im Fluss.«

»Und Hannibal?«, stöhnte die Witwe.
Die Augen hinter der Maske funkelten sie an. Die Stimme klang unwillig:

>»Der Biss einer Natter
>warf ihn aufs Lager.
>Im Zelt verdöste er Ansturm und Sieg.
>Es ergab sich die Stadt dem Melech,

> der Hamilkars Leib in den Flammen
> der brennenden Häuser begrub.«

»Immer wieder Tod und Verderben«, murmelte Melechs Frau. »Warum nur? – Warum?«
Die Hexe fuhr fort:

> »Tod ist nicht Tod.
> Das Leben geht weiter
> hier auf der Erde und jenseits von ihr.«

Jetzt hob sie die Stimme:

> »Leben für Melech will Nefer, die Schöne,
> leben für Nefer der Kelte Yahann.«

»Das ist – ungeheuerlich«, flüsterte Melechs Frau und drückte Chero an sich.
»Woher weißt du, dass mein Gatte den Tod gefunden hat?«, stieß Hamilkars Gattin hervor.
Sie erhielt keine Antwort. Die Hexe war verschwunden.

Drei Tage später legte eine Galeere im Kriegshafen an. Nach sechs Jahren Abwesenheit ging Hauptmann Melech von Bord. Er trug einen Verband um den Hals, ein spanischer Pfeil hatte ihn gestreift.
Karthagische Söldner trieben Männer, Frauen und Kin-

der, die den Untergang der spanischen Stadt überlebt hatten, als Sklaven an Land. Es waren nur wenige.

Hauptmann Melech meldete dem Rat der Hundert den Tod des Hamilkar Barkas und dass die Söldner den Schwiegersohn des Gefallenen, Hasdrubal den Schönen, zum Oberfeldherrn gewählt hätten.

Die meisten Ratsherren waren mit der Wahl einverstanden. Der schöne Hasdrubal galt als kluger Geschäftsmann, der vielleicht noch mehr Beute liefern würde als Hamilkar Barkas.

Erst nachdem Hauptmann Melech dem Rat der Hundert berichtet hatte, durfte er nach Hause. Wichtige Meldungen waren sofort den Ratsherren zu melden, die Familie hatte zu warten ...

Nefer erschrak über den Verband, den »ihr« Hauptmann um den Hals trug.

Die Herrin sah es. Sie merkte auch, wie der Sklave Yahann über Nefers Erschrecken die Zähne zusammenbiss. Dass der keltische Riese die zierliche Ägypterin verehrte, wusste die Herrin längst. Jetzt war es ihr recht.

Sie wies Nefer in die Küche und Yahann als Wächter vor die Tür.

Chero gefiel der fremde Mann mit dem eingewickelten Hals überhaupt nicht. Als ihm die Mutter sagte, dass es sein Vater sei, schüttelte er den Kopf.

Melech runzelte die Stirn.

»Er kennt dich nicht«, sagte die Frau. »Als du weggingst, war er wenige Tage alt, dann bliebst du sechs lange Jahre

fort. Lass ihm Zeit.« Sie rief nach der alten Sklavin und befahl ihr sich um den Jungen zu kümmern.
Später trugen Sklavinnen das Mahl auf.
»Warum bedient die Ägypterin nicht?«, erkundigte sich der Hauptmann. »Wenn ich mich recht erinnere, heißt sie Nefer oder so ähnlich. Ich habe sie vorhin gesehen. Sie ist hübsch geworden.«
Darauf antwortete seine Frau nicht. »Während der zwanzig Tage, die du bleiben darfst, sollten wir es uns gemütlich machen«, sagte sie hastig. »Freunde dich vor allem mit deinem Sohn an.« Sie legte ihm die Hand auf den Arm. »Was hältst du von Erholung auf unserem Gut in der Chora?«
»Ein ausgezeichneter Vorschlag«, lobte Melech. »Jetzt, im Frühherbst, ist die Chora schön.«
»Zauberhaft schön«, sagte die Frau.
Im Frühherbst erholsame Tage in der Chora zu verbringen war unter vornehmen und reichen Karthagern beliebt geworden. Für kurze Zeit vergaßen sie hier Zahlen, Gewichte, Maße und Geld und freuten sich an der Natur, die ihnen nicht nur Gewinn, sondern auch Schönheit bescherte.
Die Chora war das Nutzland vor den Stadtmauern. Es erstreckte sich über einen verhältnismäßig kleinen Landstrich nördlich der großen Wüste: im Westen von den Ausläufern des Tellgebirges bis zum Tal des Medscherdaflusses, im Osten und Süden vom Kap Bon bis zu den Nordhängen der Wüstenberge.

Die Chora war fruchtbares Hügelland, gut bewässert und fast immer grün. Schon in alter Zeit hatten karthagische Herren hier Landgüter gebaut. Wein-, Oliven-, Feigen-, Granatäpfel- und Mandelbaumgärten warfen reiche Ernten ab. Wo Buschwald wucherte, tummelten sich Federvieh, Kleintiere und Urlauber aus der Stadt. Bienenvölker brachten Honig und Wachs ein. In halb ausgetrockneten Flusstälern weideten Rinder und Pferde; und Getreide gedieh an den Medscherdaufern.

»In der Chora möchte ich außer dir, Chero und meiner ältesten Sklavin keine Leute sehen, die hier um mich herum sind«, sagte die Gattin zu Melech.
»Willst du die Wächter zurücklassen, die Hamilkars Frau zu Cheros Schutz befohlen hat?«, wandte der Hauptmann ein. »Und Cheros Leibwächter Yahann und die Ägypterin Nefer, die sonst immer bei dir ist?«
»Keine Wächter, keinen Yahann, keine Nefer!«, antwortete die Frau unwillig. »Oberfeldherr ist jetzt Hasdrubal der Schöne. Hamilkars Witwe hat kein Recht, uns ihre Wächter noch länger aufzudrängen. In der Chora bist du unserem Sohn der beste Beschützer. Außerdem schützt ihn das Amulett. Lass uns für wenige Tage eine richtige Familie sein.«
»Wie du willst«, sagte Melech. »Morgen früh brechen wir auf.«
Da in Karthagos Innenstadt keine Wagen fahren durften, standen am Morgen voll bepackte Maultiere und Sänf-

ten für Melech, seine Frau und Chero bereit. Die alte Sklavin musste zu Fuß gehen, das war Gesetz.

Wieder wehrte sich Chero gegen den Mann, zu dem er »Vater« sagen sollte. Er schrie, als Melech ihm gut zuredete. Da legte ihn die alte Sklavin übers Knie und versetzte ihm zwei Schläge mit der flachen Hand. Chero erschrak – lauerte –, und als Mutter ihm nicht beistand, wurde er friedlich.

Die Träger hoben die Sänften an, die Maultiertreiber knallten mit den Peitschen.

Zurück blieben die Wächter, die für Chero bürgen sollten, die Ägypterin Nefer und der Kelte Yahann.

»Ich begreife nicht, warum sie mich nicht mitnehmen«, sagte Nefer enttäuscht.

Yahann erinnerte sie an das Orakel: »›Leben für Melech will Nefer, die Schöne.‹«

»Na und?«, fragte sie unwillig.

»Seit diesem Spruch der Hexe weiß die Herrin, dass du dich in den Herrn verguckt hast, Mädchen«, sagte der Kelte. »Aber der Herr ist vergeben und hat Chero in die Welt gesetzt. Da ist kein Platz mehr für dich. Du solltest die Herrin nicht eifersüchtig machen, indem du den Herrn allzu deutlich anhimmelst. Sie könnte dich sonst verkaufen.«

Nefer erschrak. »Ver-kaufen?«, stammelte sie.

»Verkaufen«, wiederholte Yahann. »Du solltest ihr dankbar sein, dass sie mit dem Herrn weggegangen ist. Sie gibt dir Zeit, dich zu besinnen.«

»Besinnen?«, fragte Nefer.

»Auf mich«, sagte er ruhig. »›Leben für Nefer der Kelte Yahann.‹ Erinnerst du dich? Auch das hat die Hexe gesagt. Und sie hat Recht. Ich möchte immer für dich da sein. Ich bin kein Herr und kann keine schönen Worte machen. Aber ich bin nur dreizehn Jahre älter als du und keltische Männer leben sehr lang.«

»Du spinnst«, spottete Nefer und lief ins Haus.

Das Zeichen

Melech hatte Geduld mit Chero und der Kleine wurde erträglich. Melech erzählte ihm Abenteuerliches aus dem fernen Spanien, redete von Kämpfen und Siegen und lehrte ihn mit der Steinschleuder umgehen.
Cheros Mutter mochte die Kampfgeschichten ebenso wenig wie das Steineschleudern. »Chero soll kein Krieger werden«, sagte sie immer wieder. Melech widersprach ihr nicht, erzählte weiter vom Krieg und übte mit Chero zielen und treffen. Er, der Kriegsmann, konnte sich nicht vorstellen, dass sein Sohn ein Händler werden sollte, der andere für sich kämpfen ließ.
Ungeteilte Freude schenkten die Ritte über das Land. Chero war der geborene Reiter. Er ritt ein Pony, das ein Pferdehändler aus dem Norden geholt hatte.
Chero war vom freien Leben in der Chora begeistert und wurde ruhiger. Er brüllte nur noch selten. Sklaven und Sklavinnen atmeten auf.
Melech war immer da für den Sohn. Schon am fünften Tag sagte Chero »Vater« zu ihm; und am sechsten bekam Melech den ersten Kuss – auf die Stirn. Küsse auf den Mund verabscheute Chero. Seiner Mutter hatte er sie mit Strampeln und Gebrüll gründlich abgewöhnt.
»Hast du mich lieb?«, fragte der stolze Vater.
Chero schüttelte den Kopf. »Nein – ich mag dich.«

»Weißt du schon, was du einmal werden möchtest?«, fragte Melech.

Chero besann sich keinen Augenblick. »Hauptmann wie du, Vater«, antwortete er bestimmt.

Melech war gerührt. »Wenn ich das nächste Mal wiederkomme, bring ich dir einen Bogen und Pfeile mit«, versprach er dem Sohn.

»Ui!«, rief Chero begeistert.

Die Zeit verflog.

Der letzte Morgen, den Melechs Familie in der Chora verbrachte, versetzte sie in Angst und Schrecken.

Chero war verschwunden!

Die alte Sklavin hatte sein Lager leer gefunden und schlug ein lautes Lamento an. Schluchzend warf sie sich vor der Herrin auf die Knie und hielt ihr das Belenus-Amulett entgegen, das den Kleinen vor Unheil schützen sollte. »Ich fand es unter dem Lager des jungen Herrn«, jammerte sie und rief Göttinnen und Götter um Beistand an.

Damit nicht genug. Der Gutsverwalter meldete dem Hauptmann, dass Cheros Pony nicht mehr im Stall stehe.

»Sie haben ihn entführt«, sagte die Mutter tonlos.

Hauptmann Melech verhörte die Sklaven, die das Gut über Nacht bewacht hatten. Keiner hatte Verdächtiges gesehen oder gehört.

Melech ließ die schnellsten Pferde satteln. Dann preschte er mit dem Verwalter und sechs verlässlichen Sklaven ins Freiland. Jeder Mann war bewaffnet.

Melechs Frau sah ihnen nach, bis sie hinter den Hügeln verschwanden. Dann ging sie ins Haus zurück, zündete Räucherwerk für Tanit an und bat die Göttin Chero gesund heimkehren zu lassen.

Die alte Sklavin brachte einen Krug und einen Becher, verneigte sich und sagte: »Bevor der Herr wegritt, befahl er mir dir diesen Wein zu bringen. Er mache traurige Gemüter fröhlich, sagte der Herr.«

Die Herrin trank, der Wein schmeckte süß. Sie trank einen zweiten und dritten Schluck. Dann fiel ihr der Becher aus der Hand. Die Sklavin griff zu, bevor die Herrin vom Sitz glitt. Sie legte die Betäubte auf die Wandbank und deckte sie zu. »Angst und Sorgen verschläft man am besten«, murmelte sie, »und mein Pülverchen im Wein schenkt angenehme Träume. Wenn du erwachst, Herrin, ist Chero wieder da – vielleicht – hoffentlich.«

Das von den Herrschaften nicht angerührte Frühstück ließ sich ein Sklave schmecken, den der Gutsverwalter wegen Faulheit auf halbe Kost gesetzt hatte ...

Am späten Nachmittag kehrten die Reiter zurück. Sie hatten vergeblich gesucht. Chero blieb verschwunden.

Melechs Frau kam aus dem Haus. Sie taumelte unter der Nachwirkung des Schlaftrunks. »Ich glaube den Wächtern nicht, dass sie von der Entführung nichts gemerkt haben«, sagte sie zu Melech. »Droh ihnen mit der Folter; und wenn sie hart bleiben, zwing sie zum Reden!«

Melech hielt nichts von erpressten Geständnissen. Nur

um seine Frau zu beruhigen, befahl er die Wächter, die nachts auf Posten gestanden waren, in den Gutshof.

Sie beteuerten noch einmal, nichts gehört und gesehen zu haben. Hauptmann Melech drohte ihnen mit Geißelung und Schlimmerem. Sie zuckten die Achseln.

Da befahl er den ersten an den Pfahl zu binden. Zwei Nubier packten den Unglücklichen. Er wehrte sich und schrie.

Da lärmten die Wächter am Hoftor. »Er kommt!«, riefen sie. »Er kooommt!!« Ihre Stimmen überschlugen sich.

Alle liefen. Die Nubier ließen den Mann los, den sie an den Pfahl binden sollten, und rannten mit. Der Befreite verdrückte sich hastig.

Chero ritt auf seinem Pony und tat, als ob nichts gewesen wäre. Er wirkte frisch und ausgeruht, das Pony war munter.

»Chero!«, riefen Vater und Mutter.

Der Kleine sprang vom Pferd und hielt Melech eine erlegte Taube hin. »Die hab ich mit meiner Schleuder runtergeholt«, erklärte er stolz, »aus ganz vielen Tauben heraus.«

Der Gutsverwalter, die Sklaven und Sklavinnen schielten auf den Herrn und die Herrin. Was würden sie jetzt tun?

Die Neugierigen wurden enttäuscht. »Gut, dass du da bist«, sagte die Herrin. Der Herr betrachtete die Taube, strich Chero über den Kopf und lobte: »Ein guter Schuss. Komm ins Haus und erzähl uns, was geschehen ist.«

Die alte Sklavin folgte den Herrschaften. Sie lobte das

kleine Herrchen nicht. »Wenn ich mit dir allein bin, Bürschchen, kannst du dich auf etwas gefasst machen«, brummelte sie vor sich hin.

Der Pferdesklave führte das Pony in den Stall.

Vater und Mutter setzten sich mit Chero zusammen. Die alte Sklavin stand im Hintergrund. Herr und Herrin wiesen sie nicht hinaus.

Chero erzählte. Er redete kindlich und manchmal verworren. Die Eltern reimten sich zusammen, was geschehen war. Die alte Sklavin hörte zu. Je länger Chero plapperte, desto grimmiger wurde ihr Gesicht.

Und so war es gewesen:

Chero wollte seinem Vater beweisen, dass er sich nicht fürchtete und auch ohne Aufpasser durch die Chora reiten konnte. Und allen wollte er zeigen, dass er mit seiner Schleuder nicht nur gemalte Zielscheiben traf, sondern auch huschende Tiere und Vögel im Flug.

Geschickt hatte er auspioniert, dass die Morgenablösung der Gutswächter der günstigste Zeitpunkt zum Verschwinden war. Da waren die Nachtwachen übermüdet und die Morgenwache hatte noch nicht richtig ausgeschlafen.

Das sagte Chero viel einfacher, doch die Eltern verstanden ihn.

»Erst sechs Jahre alt und schon so ein Schlitzohr«, brummte die alte Sklavin, ballte die Fäuste und knurrte: »Ich werd ihm einiges austreiben!« Ohne es zu merken, hatte sie laut geredet.

Die Herrin winkte ihr hinauszugehen. Draußen horchte die Alte weiter.

Da hatte dieses Bürschchen tatsächlich sein Pony aus dem Stall geholt und war durch das zwischen den Ablösungen unbewachte Hoftor davongeritten!

Dann hielt die Alte den Atem an. Der Kleine erzählte, dass er eine Taube aus einem Taubenschwarm herausgeschossen hätte; und auf einmal sei eine wunderschöne Dame gekommen. Sie habe ein großes Tier an einer Kette geführt. Es habe wie der Löwe ausgesehen, vor dem Chero im Tempel der Göttin Tanit erschrocken sei. Der Löwe der wunderschönen Dame habe jedoch keine langen Haare am Hals gehabt, aber genauso geknurrt wie der langhaarige. Dann habe die wunderschöne Dame zu dem nackten Löwen etwas gesagt und ihm, dem Chero, zugewinkt. Da sei er vom Pony gestiegen und zu der wunderschönen Dame hingegangen. Das Pony habe geschnaubt und gezittert, aber es sei nicht davongelaufen. Wahrscheinlich, meinte Chero, habe die Dame es festgezaubert. Dann habe er den Löwen streicheln dürfen und der Löwe habe geschnurrt und die Augen verdreht. Und das Pony sei auf einmal gar nicht mehr ängstlich gewesen.

»Es war die Hexe der Tanit mit ihrer Löwin«, sagte Melech.

»Ohne Maske«, flüsterte seine Frau. »Chero hat sie ohne Maske gesehen.«

Der Kleine achtete nicht auf das Erstaunen der Eltern, er

plapperte weiter. Die wunderschöne Dame, erzählte er, habe ihn in einen Fels hineingeführt. Der nackte Löwe sei mitgekommen, das Pony draußen geblieben. Dann habe sich der Fels geschlossen und in der Höhle hätten Fackeln gebrannt. Und die wunderschöne Dame habe ihm Honigkuchen zu essen und etwas ganz Gutes zu trinken gegeben. Dann sei er schrecklich müde geworden und eingeschlafen.

Und als er die Augen wieder aufmachte, sei er auf seinem Pony gesessen und vor dem Gutshof gewesen. Und die Schleuder sei in seinem Gürtel gesteckt und die Taube mit einer Schnur an seinem Handgelenk festgebunden...

Mehr wusste Chero nicht. Wie er aus der Höhle hinausgekommen und vor Vaters Gutshof auf seinem Pony erwacht war, konnte er nicht sagen.

»Du hattest dein Amulett nicht dabei«, warf die Mutter ein.

»Das hab ich dagelassen«, erklärte Chero. »Ich wollt's nicht verlieren.« Er lachte. »Und die Taube hab ich ganz ohne Amulett getroffen. Freust du dich, Vater?«

»Ich freue mich«, antwortete Melech.

»Ich kann noch viel mehr Tauben schießen!«, rief der Kleine. Dann verzog er das Gesicht, nestelte an seinem Wams herum und quengelte: »Es juckt!« Er riss das Wams auf. Da war ein roter Fleck über seiner linken Brust, nicht größer als ein Daumennagel und leicht verschwollen.

»Das Zeichen der Tanit«, sagte Melech überrascht. »Noch ist es schwer zu erkennen. Es wird jedoch nicht lange dauern, bis die Reizung zurückgeht. Dann bleibt es Chero sein Leben lang eingegraben und kein Wasser wäscht es ab.«
»Wieso eingegraben?«, fragte die Mutter.
Melech erklärte es ihr: »Nur wenige Priester und Priesterinnen beherrschen die Kunst der unvergänglichen Zeichen. Sie tauchen dünne Holzstäbchen in leicht ätzende Purpurfarbe und malen in schwachen Strichen ein Bild auf die Haut. Das Ätzmittel ist ungefährlich, aber es dringt ein. Striche und Farbe bleiben dem Gezeichneten als Brandmal. Die Prozedur ist kaum schmerzhaft. Chero hat sie verschlafen. Wahrscheinlich war ein leichtes Betäubungsmittel im Trank der Hexe.«
Er strich dem Knaben übers Haar. »Die Priesterin der Tanit hat unseren Sohn unter ihren und den Schutz der Göttin gestellt.«
»Es juckt«, beschwerte sich Chero und wollte kratzen.
Die Mutter hielt ihn zurück. »Ich lege dir etwas auf, das gegen das Jucken hilft«, versprach sie. »Und dann«, fuhr sie lächelnd fort, »wird meine liebe alte Sklavin dem Ausreißer den verlängerten Rücken streicheln. Belohnung muss sein, mein Sohn.«
»Und ob ich dich streicheln werde!«, flüsterte die Alte hinter der Tür . . .
Dann wurde es gar nicht schlimm, weil Chero schon wieder ein Schlitzohr war.

Obwohl Mutters Salbe gegen das Jucken geholfen hatte, stöhnte er jämmerlich; und die List half.
Die alte Sklavin ließ sich täuschen, ihr gutes Herz siegte über den Zorn. Dass der Bengel das ganze Landgut durcheinander gebracht hatte, war vergeben und vergessen. »Armes Kind«, sagte sie und streichelte dem Schwindler die Wange.
»Du bist lieb«, stöhnte Chero.
Die Alte war gerührt und steckte dem Ausreißer eine Hand voll Honiggebäck zu.
Kaum war sie draußen, sprang Chero von seinem Lager und lachte vergnügt.
Wie leicht sich die Großen doch täuschen ließen!
Und die Honigkuchen der alten Sklavin schmeckten besser als die, die er bei der wunderschönen Dame gegessen hatte.

Hauptmann Melech war mit seiner Familie kaum nach Karthago zurückgekehrt, da flog die Kunde vom Zeichen der Göttin schon durch die Stadt. Melech selbst ließ die Nachricht verbreiten; Yahann sorgte dafür, dass es rasch geschah. Seine Freunde, die Bettler, halfen ihm.
»Melechs Sohn trägt das Zeichen der Göttin Tanit«, wisperte es in den Gassen, in den Unterkünften der Söldner und den Schlupfwinkeln der Gesetzlosen. »Chero hat die Hexe ohne Maske gesehen und ihr Blick hat ihn nicht getötet! Melechs Sohn ist ein Auserwählter. Wehe denen, die ihm übel wollen!«

»Tanits Zeichen schützt unseren Chero besser als die Wächter, die Hamilkars Witwe zu seinem Schutz befohlen hat«, sagte Melech zu seiner Frau. »Er muss nicht mehr auf Schritt und Tritt bewacht werden.«
Die Mutter atmete auf.
Der Hauptmann selbst führte die Wächter zu Hamilkars Witwe zurück. »Dir und deinen Söhnen Hasdrubal und Mago nützen sie jetzt mehr«, versicherte er ihr. »Um Hannibal brauchst du dich nicht zu sorgen. Solange mein Sohn lebt, bleibt auch dein Ältester am Leben. Und Chero steht unter dem Schutz der Himmlischen: des Belenus, der Iberern und Kelten in Spanien heilig ist, und nun auch der großen Tanit, die wir Karthager als Mutter verehren.«
»Ich will dir glauben, Hauptmann«, sagte die Witwe.

Inzwischen sah Melechs Frau im Stadthaus nach, ob während ihrer Abwesenheit alles in Ordnung geblieben war.
Chero spielte im Garten. Nefer war bei ihm.
Die Frau betrat die Kammer, in der Hauptmann Melechs Rüstung und Waffen hingen: der Lederpanzer, darüber der Helm und daneben der Mantel. Sie nahm ihn vom Haken.
Der Offiziersmantel war ein großes rotes Tuch, das über der Schulter von einer Agraffe zusammengehalten wurde. Neben der Schließe, von dieser halb verborgen, blitzte etwas auf. Melechs Frau betrachtete es und wurde zor-

nig. »Ein ägyptischer Mistkäfer!«, stieß sie hervor und riss das Ding vom Mantel herunter.

Es war ein irdener Skarabäus, den die Ägypter als heiliges Tier verehrten. Ein in den Ton eingeschmolzener Glastropfen hatte im Sonnenlicht aufgeleuchtet.

Melechs Frau ballte die Faust um den Käfer. Sie lief in den Gang hinaus und schlug auf den Gong. Sklaven eilten heran.

»Nefer zu mir!«, befahl die Herrin.

Die Sklaven liefen.

Kurz darauf kam Nefer, verneigte und erkundigte sich, was die Herrin befehle.

Melechs Frau zerrte sie in die Kammer. Der Mantel des Hauptmanns lag auf dem Fußboden. »Heb ihn auf!«, befahl die Herrin.

Nefer gehorchte, ohne eine Miene zu verziehen. Dabei hatte sie auf den ersten Blick gesehen, dass der Skarabäus nicht mehr unter der Schließe war. Sie hängte den Mantel an seinen Platz und fragte nach weiteren Befehlen.

Die Herrin hielt ihr den Skarabäus vor das Gesicht. »Er ist doch von dir – oder?«, erkundigte sie sich freundlich.

»Ja, Herrin«, antwortete Nefer. »Diesen Skarabäus steckte mir ein heiliger Mann zu, als ich auf dem Sklavenmarkt verkauft wurde. Ich rettete ihn aus Ägypten bis nach Karthago.«

»Wer gab dir das Recht, diesen – Käfer an den Mantel deines Herrn zu heften?«, fragte die Herrin eisig.

»Der heilige Skarabäus beschützt auch in der Schlacht«, sagte Nefer. »Und – wir möchten doch, dass der Herr den Krieg in Spanien gesund übersteht.«

»*Ich* möchte es«, fuhr die Herrin sie an. »Was *du* willst, kümmert weder mich noch meinen Gatten! Er braucht keinen ägyptischen Zauber!« Sie warf das Amulett auf den Fußboden und zertrat es.

Nefer schrie auf. »Nein, Herrin, bitte nicht! Ein zertretener Skarabäus bringt Unheil!«

»Dir vielleicht«, spottete die Herrin, »denn ich schicke dich auf unser Landgut in der Chora. Dort wirst du schwielige Hände bekommen und keine Zeit mehr haben, an einen Mann zu denken, der Frau und Kind hat.« Sie lachte böse. »Hauptmann Melech verabscheut Schwielen an Frauenhänden.« Dann spuckte sie auf den zertretenen Skarabäus und ging.

Nefer murmelte eine Beschwörung, sammelte die Scherben auf und steckte sie ein.

Die Herrin befahl dem Kelten Yahann, die Sklavin Nefer in die Chora zu bringen und dem Verwalter des Landgutes zu befehlen die Ägypterin zu harter Arbeit einzusetzen . . .

Nefers Habseligkeiten fanden in einem Bündel Platz. Yahann nahm sie vor sich auf das Pferd, das die Herrin ihm angewiesen hatte.

»Ich hol dich raus, Nefer«, versprach der Kelte. Sie biss die Zähne zusammen; Yahann sollte sie nicht schluchzen hören . . .

Chero regte sich auf, dass man ihm »seine Nefer« weggenommen hatte. Die Mutter fuhr ihn an: »Wenn du ihren Namen noch einmal aussprichst, bekommst du zwei hinter die Ohren!«
»Du bist böse«, sagte Chero.
Die Mutter erschrak, wollte ihm über den Kopf streichen und ein gutes Wort sagen. Da war er schon davongelaufen.

Am nächsten Morgen ging Hauptmann Melech an Bord des Schiffes, das ihn nach Spanien zurückbringen sollte. Die Galeere war mit Rüstungen und Waffen für das karthagische Heer beladen.
Dass Nefer nicht bei der Herrin und Chero stand, um ihm zuzuwinken, fiel Melech nicht auf. Sklaven und Sklavinnen hatte er nie besonders beachtet.
»In einigen Jahren nehm ich dich mit, Chero!«, rief er vom Schiff herunter.
»Ja, Vater!«, rief der Kleine zurück.
»Nein«, sagte die Mutter.
Cheros Protest übertönten die Signalhörner, die vom Schiff herunterschmetterten.

Gold für Nefer

Weiter verrann die Zeit und die Götter bestimmten das Schicksal.

Cheros Leben bedrohte kein Mörder mehr. Das Zeichen der Tanit und das Belenus-Amulett schützten ihn besser als alle Wächter der Stadt.

Auch Hamilkars Witwe und ihren Söhnen Hasdrubal und Mago drohte keine Gefahr von Mörderhänden. Hiran, der grimmigste Feind der Barkidensippe, wurde von schleichender Krankheit befallen. Der Rat der Hundert nahm es als warnendes Zeichen und kein Senator redete von da an Übles über die Familie des gefallenen Feldherrn.

Hamilkars ältesten Sohn Hannibal, der unter dem Kommando seines Schwagers Hasdrubal des Schönen in Spanien kämpfte, beschützte Chero als lebender Talisman. Hannibal wusste es und stellte den Schutz auf harte Proben. Immer wieder warf er sich ins Kampfgewühl und Pfeile und Hiebe trafen ihn nicht ...

Hasdrubal der Schöne war klug. Er schlug da zu, wo seine Truppen die stärkeren waren, und verhandelte mit Stärkeren, um Niederlagen zu vermeiden.

Mit den Römern, den gefährlichsten Gegnern der Karthager, schloss er einen Vertrag. Darin verpflichtete er sich den nordostspanischen Fluss Ebro als Grenze zwischen dem karthagischen und dem römischen Machtbereich anzuerkennen. Damit war beschlossen, dass der schöne Hasdrubal die Iberische Halbinsel bis zum Ebro hinauf erobern durfte.

Ein Schönheitsfehler in diesem Vertrag war die griechische Handelsstadt Zakantha, die die Römer »Saguntum« nannten. Sie lag an der spanischen Ostküste, knapp hundert Meilen südlich der Ebromündung, also mitten im karthagischen Gebiet. Die Bürger von Zakantha hatten mit den Römern einen Beistandspakt geschlossen. Jeder Angriff auf ihre Stadt hätte Krieg mit den Römern bedeutet.

Das war keine römische Griechenfreundlichkeit, sondern ein kluger Schachzug. In Zakantha saßen römische Spione. Sie beobachteten genau, was im karthagischen Teil Spaniens geschah.

Der schöne Hasdrubal eroberte weiter, verstärkte seine Armee und gründete die Hafenstadt Neu-Karthago an der Küste des Mittelmeers. Nun mussten karthagische Schiffe nicht länger zwischen den Säulen des Herakles durchsegeln, um in Gades zu landen, dem Hafen an der Küste des Weltmeers im Westen. Neu-Karthago ersparte ihnen dreihundert Meilen gefährlicher Seefahrt.

Die neue Stadt entwickelte sich nicht nur als Kriegshafen. Bald wurde sie auch ein belebter Handelsplatz, der den Kaufleuten von Zakantha Konkurrenz machte.

Die griechischen Händler beschwerten sich bei den Römern; doch diese unternahmen nichts gegen Hasdrubal den Schönen. Er griff Zakantha nicht an und seine Truppen respektierten die Ebrogrenze. Die Griechen gaben nicht auf. Immer heftiger hetzten sie gegen die Konkurrenz.

Auch in Karthago gab es Ärger.
Seitdem Melechs Frau die Sklavin Nefer in die Chora verbannt hatte, war Chero unleidlich geworden. Immer wieder wollte er »seine Nefer« zurückhaben. Die hätte ihm viel schönere Geschichten erzählt als die alte Sklavin, behauptete er; Geschichten von Kampf und Sieg und von Göttern, die ihre Feinde mit Blitz und Donner schlugen. Die fette Alte erzähle dauernd von Händlern, die Gold und Silber zusammenrafften. Und er, Chero, wolle kein Händler werden, sondern ein Held; so einer wie Vater.
Mutter nannte Nefers Helden Dummköpfe, denen jeder Kaufmann überlegen sei.
Je mehr sie sich in Eifer redete, desto lauter trotzte Chero: »Ich will Nefer wiederhaben! Schick die Alte in die Chora!«
Je länger Nefer im Landgut blieb, desto mürrischer wurde auch Yahann. Er gehorchte zwar jedem Befehl, doch tat er es so, dass die Herrin seinen Widerwillen merkte. Als sie ihn eines Tages zur Rede stellte, verneigte er sich und sagte: »Ich bitte dich, die Sklavin Nefer zurückzubefehlen. Die Knochenarbeit im Landgut macht sie kaputt.«

»Na und?«, fragte die Herrin gereizt.

»Ich bitte dich«, wiederholte der Kelte, verbeugte sich und bat sich entfernen zu dürfen.

»Die Luft wird stickig in Melechs Haus«, sagte die alte Sklavin eines Abends zu ihm.

»Chero entgleitet ihr«, meinte Yahann. »Er wird nicht so, wie sie es wünscht. Mir nimmt sie übel, dass ich ihm das Bogenschießen beigebracht habe. Es sollte heimlich geschehen, aber sie hat es gemerkt.«

»Dann wird sie auch dich zur Knochenarbeit in die Chora schicken«, seufzte die Alte. »Schad um dich.«

»Ich würde mich freuen«, sagte Yahann. »Da wär ich mit Nefer zusammen.« Er zuckte die Achseln. »Aber die Herrin wird es nicht tun. Ich habe geschworen das Leben ihres Sohnes zu schützen; also muss ich bei Chero bleiben.«

Die Alte widersprach ihm: »Jetzt nicht mehr, Yahann. Das Zeichen der Tanit und das Belenus-Amulett machen Leibwächter überflüssig.«

Yahann umarmte sie. »Danke«, schnaufte er aufgeregt. »Darauf wär ich nie gekommen. Das ändert alles. Danke, danke!« Er küsste die Alte auf die Stirn und lief davon.

»Spinner«, murmelte sie hinter ihm her. Dann streichelte sie ihre Stirn und nahm sich vor sie zwei Tage lang nicht zu waschen.

Kurz nach Cheros neuntem Geburtstag lief das Gerücht durch Karthago, dass Hauptmann Melech in Spanien gefallen sei. Melechs Frau brach zusammen. Der Arzt

hatte es schwer mit ihr. Chero klammerte sich an Yahann. Am Tag darauf folgte das nächste Gerücht: Hauptmann Melech sei nicht tot, sondern verwundet in Gefangenschaft geraten.
Melechs Frau opferte der Göttin Tanit. »Er lebt«, sagte sie dankbar. »Gefangene können freigekauft werden. Ich werde alles opfern, was ich besitze.«
Wieder trotzte Chero. »Du darfst den Feinden kein Gold geben!«, begehrte er auf. »Ich kann mit der Schleuder schießen und mit Pfeil und Bogen. Und reiten kann ich auch! Ich geh nach Spanien und befreie Vater!« Dazu ballte er die Fäuste und stampfte mit dem Fuß auf.
Zum ersten Mal schlug ihn seine Mutter ins Gesicht.
Er starrte sie entsetzt an. Dann rannte er davon, als hetzten ihn Dämonen . . .
Zwei Tage später meldete ein Bote aus der Chora, dass die Sklavin Nefer ausgepeitscht worden sei. Als Melechs Tod im Landgut bekannt geworden war, habe sie durchgedreht, sich auf den Verwalter geworfen und ihm das Gesicht zerkratzt. Jetzt liege sie in Ketten und werde nach sieben Tagen zu schwerster Arbeit aus dem Lochgefängnis geholt.
»In Ordnung«, sagte Melechs Frau und warf dem Boten zwei Kupferstücke zu.
»Gemein!«, rief Chero.
Die Mutter befahl ihm zu schweigen.
Auch Yahann erfuhr, was in der Chora geschehen war. In der Nacht verschwand er aus Melechs Haus und kehr-

te erst kurz vor Sonnenaufgang zurück. Niemand hatte sein Verschwinden und seine Rückkehr bemerkt; oder stellten sich die Wächter nur taub und blind? ...

Vier Tage später war Aufruhr in Melechs Landgut. Verwalter, Wächter, Sklaven und Sklavinnen liefen, schrien und jammerten durcheinander. Die Tür des Lochgefängnisses war aufgebrochen, Nefer verschwunden. An den Ketten, mit denen sie an die Wand gefesselt war, hing eine Strohpuppe.

Nachdem sich der Verwalter ausgetobt hatte, versprach er jedem zwei Goldstücke, der die Sklavin und deren Befreier zu ihm bringe.

Melechs Frau erhöhte auf zehn.

Gold für Nefer! Bald suchte die ganze Chora nach der Ägypterin und ihren Helfershelfern.

Die Häscher suchten vergebens. Nefer blieb verschwunden.

Im Geheimen rieb sich der Verwalter des Landgutes die Hände. Der Bettlerkönig von Karthago hatte ihm fünfzehn Goldstücke versprochen. Dafür sollte er zu einem bestimmten Zeitpunkt die Wächter von Nefers Gefängnis und vom Haupttor des Gutshofes abziehen und nichts von dem hören und sehen, was dann geschehen würde. »Acht Goldstücke sofort«, hatte der Bettlerkönig gesagt, »sieben, wenn Nefer in Sicherheit ist. Und denk daran, dass ich dir Getreide, Früchte und Gemüse abkaufe, die du deinem Hauptmann gestohlen hast.«

Der Verwalter hatte die Anzahlung eingesteckt und versprochen die Suche nach Nefer persönlich zu leiten. Und er würde auf keinen Fall Verfolger in das Dorf Esaphi schicken. Dieses Versprechen war ihm besonders leicht gefallen. »Wer möchte schon dort suchen, wo's stinkt«, hatte er gemeint.

So kam es, dass trotz eifrigster Suche keine Spur von Nefer gefunden wurde.

In und um Esaphi zu suchen, fiel selbst den hartnäckigsten Verfolgern nicht ein. »Dorf des Gestanks« nannten die Karthager das Hafennest am Kap Bon. Es lag an der Mündung eines felsigen, vertrockneten Flusstals. Arme Leute, Verstoßene und Flüchtige aus den verschiedensten Ländern und Völkern hatten sich hier niedergelassen und Mulden in den Fels gehauen. Darin verfaulte das Fleisch eingesammelter Stachelschnecken mit so üblem Geruch, dass Pferde davor scheuten und streunende Hunde die Flucht ergriffen.

Das verweste, getrocknete Schneckenfleisch wurde nach Karthago geliefert. In Purpurmühlen wurde daraus der kostbare rote Farbstoff gewonnen, für den Färber höchste Preise bezahlten. Die Leute von Esaphi bekamen nur geringen Lohn.

Besser bezahlt wurden sie von Verfolgten, denen sie Unterschlupf gewährten. Karthagische Söldner und Beamte suchten kaum Flüchtige in Esaphi. Der Gestank beleidigte städtische Nasen. Dass Bestechungsgelder nachhalfen, ging die karthagischen Richter nichts an...

Als Yahann gehört hatte, dass Nefer ausgepeitscht worden war und in Ketten lag, war er nachts zu seinem Freund, dem Bettlerkönig, geschlichen. Ein kurzes Gespräch hatte genügt.

Diebe und Räuber holten Nefer aus dem Kerker und ketteten eine Strohpuppe an die Wand. Der bestochene Verwalter winkte ihnen nach.

Nefer begriff nicht, was mit ihr geschah. Unter dem Getrappel des Maultiers, auf das sie die fremden Männer gesetzt hatten, brannten die Striemen von den Peitschenhieben.

Sie rümpfte die Nase, als ihr der Morgenwind den Geruch von Esaphi entgegenwehte. Dann wurde sie von Händen, die nach Fäulnis rochen, vom Maultier gehoben und weggetragen. Ihre Begleiter ritten davon und die Leute von Esaphi feierten ein Fest.

Im Auftrag des Bettlerkönigs hatte einer der Reiter dem Dorfältesten zwei Goldstücke übergeben und ihm befohlen das ägyptische Mädchen versteckt zu halten und anständig zu behandeln.

Wie lange?

Drei, vier Tage vielleicht; vielleicht auch zwei, drei Wochen oder noch länger. Für jede Woche gebe es Silber; für Verrat an karthagische Schnüffler den Tod.

Yahann wartete, bis die Suche nach Nefer eingestellt wurde. Dann fragte er den Bettlerkönig, wie viel Geld er bei ihm guthabe.

»Willst du uns verlassen?«, erkundigte sich dieser.

Yahann nickte. »Ich möchte mich von Melechs Gattin loskaufen und mit Nefer dorthin verschwinden, wo sie niemand mehr verfolgt.«

»Will sie dein Weib werden?«, erkundigte sich der Bettlerkönig.

»Ich weiß es nicht«, gestand Yahann, »aber ich möchte ihr Mann sein.«

»Du bist ein Narr«, sagte der andere.

»Ich bin nicht der einzige Narr auf dieser närrischen Welt«, meinte Yahann. »Und jetzt sag mir, wie viel ich bei dir gespart habe.«

Der Bettlerkönig brauchte nicht nachzudenken. »Genug, dass du dich freikaufen und mit Nefer ein Jahr lang bescheiden leben kannst«, antwortete er, »vorausgesetzt, dass deine Herrin keinen unverschämten Preis für dich fordert.«

Sie vereinbarten, dass Yahann seinen Anteil in drei Tagen abheben könne, und schieden als Freunde.

Am nächsten Morgen bat Yahann die Herrin sich freikaufen zu dürfen.

»Bist du so reich, dass du es kannst?«, erkundigte sie sich halb verwundert, halb spöttisch.

»Ich habe einiges gespart«, antwortete er. »Und Chero braucht meinen Schutz nicht länger. Tanit und Belenus sind stärker als ich.«

»Ich bin einverstanden«, sagte die Frau. »Außerdem möchte ich nicht, dass du meinen Sohn zum Krieger erziehst.« Dann lächelte sie. »Ich verkaufe also den Sklaven Yahann an den Sklavenhändler Yahann – für eine Summe, die dir angemessen scheint. Nenne mir dein Angebot.«

Yahann nannte die Summe, die er sich vorgestellt hatte.

»Du bist ein Dummkopf«, spottete die Frau. »Hättest du ein einziges Kupferstück genannt, wärst du auch dafür freigekommen. Doch weil du aus Cheros Leben verschwindest, will ich nicht kleinlich sein. Bezahle mir die Hälfte von dem, was du geboten hast. Dann schreibe ich dir den Freibrief, du packst dein Bündel und gehst.«

»Danke, Herrin«, sagte Yahann.

Draußen wartete Chero. »Machen wir jetzt Speerwerfen?«, fragte er eifrig.

Yahann schüttelte den Kopf. »Nein. Ich geh weg und komm nicht wieder.«

»Dann geh ich mit!«, rief der Junge.

Yahann winkte ab. »Nein, Chero. Aber vielleicht treffen wir irgendwann wieder zusammen, in Spanien oder am Ende der Welt; du und ich.«

»Und Nefer!«, rief Chero.

»Und Nefer«, sagte Yahann ...

Sein Guthaben beim Bettlerkönig reichte dann sogar noch für ein Pferd.

Melechs Frau stellte den Freibrief aus, der Hausschmied schlug Yahann den Sklavenreif vom Arm. Es gab einen kurzen Abschied von Freunden und einen schmerzlichen von Chero. Dann fiel das Tor hinter dem Freigelassenen zu.

Yahann kaufte ein Pferd und ritt in das Dorf der üblen Gerüche.

»Wir sind froh die verdammte Ägypterin loszuwerden!«, schimpfte die Frau des Dorfältesten. »Sie verdreht unseren Männern die Köpfe und beschwert sich über die Schnecken, deren Gestank ihr Näschen beleidigt. Bezahl die Verpflegung der Faulenzerin und dann ab mit ihr!«

»Ab mit ihr!«, riefen andere Frauen und Mädchen, die neugierig dazugekommen waren.

Es war schwül. Der Gestank der verfaulenden Schnecken raubte Yahann den Atem. Die Dorfleute störte er nicht. Mit aller Kraft hielt Yahann sein Pferd fest.

Da kam Nefer. Sie sah ungepflegt aus und war wütend. Yahann gefiel sie trotzdem.

»Höchste Zeit, dass du mich rausholst!«, fuhr sie ihn an.

Yahann bezahlte Silber für eine Woche, hob Nefer aufs Pferd, stieg hinter ihr auf und ritt aus dem Dorf.

»Wohin bringst du mich?«, fragte sie.

»Auf Schleichwegen zum Meer«, sagte Yahann. »Ein Schmuggelschiff des Bettlerkönigs wird uns aufnehmen und nach Spanien bringen.«

»Spanien ist gut«, flüsterte Nefer. »In Spanien ist Melech gefangen. Wir werden ihn suchen und befreien – ich und du.«

Da verschlug es ihr die Sprache. Yahann zügelte das Pferd, packte sie, legte sie quer und – verklopfte sie mit seiner keltischen Pranke! Dann setzte er sie wieder gerade und sagte, als ob nichts geschehen wäre: »Ich mag dich, auch wenn du spinnst.«

Sie biss die Zähne zusammen und schwieg.

Ohne Zwischenfall erreichten sie das Schiff und gingen an Bord ...

Von da an verloren sich die Spuren des Kelten Yahann und der Ägypterin Nefer. Den Klatschmäulern in Karthago galten sie bald als verschollen. »Von Dämonen geholt«, behaupteten einige, andere wollten wissen, dass Nefer in der Wüste verdurstet, Yahann im Meer ertrunken sei. Ganz Gescheite tuschelten, Melechs Frau habe die beiden aus Eifersucht ermorden lassen; Nefer, weil diese dem Hauptmann Melech schöne Augen gemacht, und Yahann, weil er der Herrin den Knaben Chero abspenstig gemacht hätte.

Chero muckte immer häufiger auf. Er quengelte nach Yahann und Nefer, fand es zu Hause stinklangweilig und wollte nach Spanien segeln, um seinen Vater zu befreien und Heldentaten zu vollbringen wie Hannibal. Im Trotz schlug er seinen Lehrer.

Die Mutter bestrafte ihn hart. Sie ließ die Waffen zerbrechen, mit denen er unter Yahanns Anleitung geübt hatte. Zu spät erkannte sie, dass sie zu weit gegangen war. Chero verstand sie zu täuschen. Er stellte sich vernünftig und schikanierte nicht einmal mehr die Sklaven.

Einige Monate später verschwand er spurlos.

Das Opfer

Nach dem Tode seines Schwiegervaters Pero war Hiran der alleinige Herr über die größten Waffenschmieden Karthagos geworden. Er freute sich nicht lange daran. Eine schleichende Krankheit befiel ihn. Ärzte und Zauberer fanden kein Heilmittel dagegen.

Hiran fühlte sein Ende kommen und fürchtete sich vor dem Sterben. In höchster Angst wandte er sich an den Oberpriester des Baal Hammon.

Sein Bote kehrte nach kurzer Zeit zurück und meldete: »Du bist dem Ehrwürdigen willkommen, Herr. Er erwartet dich nach Einbruch der Dunkelheit.«

»Warum im Dunkeln?«, fragte Hiran.

Das wusste der Bote nicht.

Ungeduldig erwartete der Kranke den Abend. Kaum wurden draußen die ersten Pechpfannen entzündet, ließ er sich zum Palast des Oberpriesters tragen. Schimpfend trieb er die Sklaven an, die unter der Last der Sänfte keuchten.

Der Oberpriester des Baal Hammon empfing den Besucher am Tor seines Palastes, hieß ihn willkommen und führte ihn in ein kleines Gemach, in dem sie kein Unbefugter belauschen konnte. Der fensterlose Raum war dick ummauert, die einzige Tür aus massivem Holz und mit Teppichen gepolstert. Davor standen zwei bewaffnete Priester.

In Kupferschalen brannte duftendes Öl. Ihr Licht tat wohl, die Dochte qualmten nicht.

Der Oberpriester schenkte Wein ein und trank Hiran zu. »Du bittest Baal Hammon um ein Wunder, da Menschen dir nicht helfen können«, stellte er fest.

Hiran nickte.

»Was bietest du Hammon für seine Hilfe?«, erkundigte sich der Oberpriester.

»Gold, Silber, Sklaven und Sklavinnen«, antwortete Hiran hastig. »Sag mir, wie viel, Ehrwürdiger, ich werde nicht feilschen.«

Der Oberpriester winkte ab. »Baal Hammon ist reich. Sklaven und Metall besitzt er genug. Von dir fordert er mehr.« Er hob die Hände und sagte beschwörend: »Leben für Leben. Das Leben eines anderen für deines. Es muss ein wertvolles Leben sein.«

Hiran erschrak. »Ein – Menschenopfer?«, stammelte er entsetzt. »Aber . . .«

Der Oberpriester unterbrach ihn: »Sie sind verboten, seit Hamilkar Barkas zum Oberfeldherrn gewählt wurde«, zischte er böse. »Das brauchst du mir nicht vorzuhalten. Mit der Macht seiner Söldner, die zu ihm hielten, setzte Hamilkar das schändliche Verbot durch, das Baal Hammon zutiefst beleidigt. Hasdrubal der Schöne denkt genauso wie der Gottlose vor ihm. Er würde dem Rat der Hundert befehlen Übertreter des Verbotes kreuzigen zu lassen – und die Senatoren würden gehorchen.«

Der Oberpriester legte Hiran die Hand auf die Schulter

und erklärte feierlich: »Ich bin bereit den Barkiden zu trotzen. In den kommenden Nächten steht der Tempel des Baal Hammon für dich offen. Lass mich einen Tag vorher wissen, in welcher Nacht du das Opfer dem Gott übergibst. Dann werden euch meine Priester um Mitternacht in verhängten Sänften zum Tempel und durch eine geheime Pforte vor das Standbild des Gottes tragen.«
Er hob die Stimme und jetzt befahl er: »Das Opfer muss ein Knabe sein, nicht jünger als neun und nicht älter als elf Jahre, kein Sklave und kein streunender Betteljunge. Baal Hammon fordert den erstgeborenen Sohn einer angesehenen karthagischen Familie. Du wirst den Knaben betäuben lassen, damit er keinen Lärm schlägt.«
»Und – wenn es geschehen ist?«, fragte Hiran aufgeregt. »Werde ich dann gesund sein?«
Da wurde die Tür geöffnet. Einer der Wächter stieß mit der Lanze auf den Boden.
»Wer wagt es, mich zu stören!«, rief der Oberpriester unwillig.
Der Wächter verneigte sich und meldete: »Der Kapitän der ›Seeschwalbe‹ bittet dich sprechen zu dürfen. Es sei wichtig, sagt er. Im Laderaum der ›Seeschwalbe‹ wurde ein Knabe entdeckt, der anscheinend aus vornehmer Familie stammt. Der Knabe ist gezeichnet. Der Kapitän hat ihn mitgebracht.«
»Herein mit ihm!«, befahl der Oberpriester.
Der Wächter entfernte sich.
»Soll ich jetzt gehen?«, fragte Hiran.

»Du darfst bleiben«, sagte der Oberpriester. »Ich denke, dass Baal Hammon das Opfer schon bestimmt hat.«
Hiran lehnte sich zurück und atmete schwer.
Die »Seeschwalbe«, ein schnelles, bewaffnetes Handelsschiff, gehörte Hammon. Da der Oberpriester den Gott auf Erden vertrat, war er der Herr des Schiffes. Morgen sollte die »Seeschwalbe« mit Rüstungen und Waffen nach Spanien auslaufen und Silber und Sklaven für Baal Hammon dafür einhandeln. Dass die »Seeschwalbe« für gutes Geld auch Verbotenes transportierte, war bekannt. Das taten die meisten Kapitäne, um nebenbei zu verdienen. Flüchtige Übeltäter, die gut bezahlen konnten, wurden auf karthagischen Schiffen gern befördert. Eingeweihte wussten auch, dass ein Teil der Waffen und Rüstungen nicht für karthagische Söldner, sondern für iberische Rebellen bestimmt war, die gegen den schönen Hasdrubal kämpften. Damit erreichte der Oberpriester des Baal Hammon zweierlei: Erstens schadete er dem Oberfeldherrn, der zur verhassten Barkidensippe gehörte; zweitens zahlten die Rebellen bedeutend mehr als Hasdrubal der Schöne.

Jetzt war ein vornehmer Knabe auf der »Seeschwalbe« entdeckt worden; doch es sah nicht so aus, als ob er bezahlen könnte. Sonst hätte er sich wohl kaum im Laderaum verkrochen. Und gezeichnet sollte er sein?
Der Oberpriester und Hiran warteten gespannt.
Der Kapitän trat ein. An der Hand führte er einen Kna-

ben, der sich vor Müdigkeit kaum auf den Beinen halten konnte. Er war gut gekleidet, doch sehr verschmutzt.

Der Kapitän, ein muskulöser Afrikaner, grüßte knapp. »Den Knaben«, meldete er, »fanden wir im Laderaum der ›Seeschwalbe‹. Auf der Brust hat er ein Zeichen. Die Bedeutung kenne ich nicht.«

Dem Oberpriester genügte ein Blick. »Was für eine Nacht«, murmelte er. Dann trat er zu dem Knaben, öffnete dessen Wams, schloss es wieder und sagte: »Noch begreife ich deinen Willen nicht, Baal Hammon.«

Der Kapitän guckte verständnislos und Hiran fragte: »Wie meinst du das, Ehrwürdiger?«

»Sind deine Augen blind geworden?«, spottete der Oberpriester. »Hindert dich der Staub eines Lastschiffes daran, den Knaben zu erkennen?«

»Bei allen Göttern!«, rief Hiran. »Chero?!«

»Melechs Sohn«, sagte der Oberpriester. »Auf der Brust trägt er das Zeichen der Göttin Tanit, an der Halskette das Amulett eines keltischen Gottes.«

»Hammon sei Dank«, seufzte Hiran. »Er hat sein Opfer gewählt. Wir müssen nicht warten. Es ist Nacht, sie ist verschwiegen und . . .«

»Schweig!«, flüsterte der Oberpriester. »Chero steht unter dem Schutz der Muttergöttin Karthagos. Einen von Tanit Gezeichneten dem Baal zu opfern, wäre ein Frevel, den Götter und Dämonen mit tödlichen Seuchen bestrafen.« Er nahm Chero bei der Hand und befahl dem Kapitän draußen zu warten.

»Zu Befehl«, sagte der Seemann und zog die Tür hinter sich zu.

Chero hatte den Oberpriester und Hiran erkannt und fürchtete sich nicht. Er setzte sich ohne Scheu und griff zu, als ihm der Oberpriester Früchte anbot.

Dann erzählte er, dass er von zu Hause weggelaufen sei und nie mehr zurückwolle. Plötzlich erschrak er und sah die Männer ängstlich an. »Ihr dürft mich nicht zu meiner Mutter zurückschicken!«, rief er aufgeregt.

Der Oberpriester beruhigte ihn: »Aber nein, Chero. Was möchtest du denn tun?«

»Ich will nach Spanien«, erklärte der Junge. »Dort such ich meinen Vater und befrei ihn. Dann werd ich Hauptmann wie er. Ich war im Hafen, da hat mir ein Mann ein Schiff gezeigt, das morgen nach Spanien segelt. Ich hab mich auf das Schiff geschlichen und versteckt. Dann bin ich eingeschlafen und sie haben mich gefunden und nicht erkannt. Doch der Kapitän hat das Zeichen gesehen. Da hat er mich gepackt, auf ein Muli gesetzt und ist mit mir zu euch geritten.«

Chero hatte sich in Eifer geredet. Jetzt schielte er von einem zum anderen und fragte noch einmal: »Schickt ihr mich wirklich nicht heim?« Er machte ein grimmiges Gesicht. »Wenn ihr's tut, lauf ich immer wieder davon! Ich muss zu meinem Vater!«

»Ich befehle dem Kapitän, dich nach Spanien zu bringen«, versprach der Oberpriester.

»Du bist lieb«, sagte Chero.

Der Oberpriester nickte ihm zu. Dann rief er den Kapitän und befahl ihm den Knaben auf die »Seeschwalbe« zurückzubringen und säubern zu lassen. Für die Reise sollte Chero ein gutes Plätzchen bekommen und mit Respekt behandelt werden. »In Neu-Karthago bringst du ihn bei ordentlichen Leuten so lange unter, bis du Hannibal von Cheros Ankunft verständigt hast. Alles andere kümmert dich dann nicht weiter. Und kein Wort über den Knaben zu fremden Leuten! Baal Hammon schenke euch gute Fahrt.«

Mit gnädiger Handbewegung entließ er den Kapitän der »Seeschwalbe« und den Sohn des Melech.

Das Maultier trug sie zum Hafen zurück. Die Nacht war friedlich. Streunende Hunde sangen den Mond an.

Beim Oberpriester des Baal Hammon bäumte sich Hiran unter einem Anfall von Schmerz auf. »Hättest du ihn doch geopfert, Ehrwürdiger!«, stöhnte er. »Das mit den Seuchen ist gar nicht so sicher. Und was soll Chero in Spanien?«

»Baal Hammon schickte den Knaben zu mir«, sagte der Oberpriester, »und jetzt begreife ich seinen heiligen Willen.«

Hiran brummte Unverständliches.

»Die Barkiden sind noch immer unsere gefährlichsten Feinde«, erklärte der Oberpriester dem Kranken. »Mag sein, dass sich der schöne Hasdrubal nicht zum König über Karthago aufwerfen möchte. Doch wie lange wird er Oberfeldherr bleiben? Dann werden die Söldner den Hannibal zu ihrem Befehlshaber wählen. Hannibal ist herrschsüchtig. Laut Orakelspruch besitzt er ein lebendiges Amulett, das ihn vor Gefahr und Tod beschützt: Chero, den Sohn des Melech.«

»Na und?«, stöhnte Hiran.

Der Oberpriester deutete ein Lächeln an. »In Spanien wartet der Tod. Sollte Chero in diesem gefährlichen Land für Karthago sterben, stirbt Hannibal mit ihm. Und wir haben kein Verbrechen auf uns geladen, für das uns die Göttin Tanit und der keltische Belenus bestrafen dürfen.«

»Und – das Opfer?!«, krächzte Hiran und wand sich unter einem neuen Anfall.

»Das Opfer ist Chero«, sagte der Oberpriester.

»Aber nicht für mich!«, begehrte Hiran auf.

»Für Karthago«, sagte der Oberpriester. »Dafür, dass kein Barkide als König über uns herrschen wird.«

»Ich will leben!«, kreischte der Kranke.

»Er stirbt auch für dich«, sagte der Oberpriester. »Oder bist du kein Teil von Karthago?«

»Meinst du, Ehrwürdiger?«, murmelte Hiran unsicher.

»Ich meine es«, antwortete dieser. »Und kein Wort zu anderen darüber, was du in dieser Nacht gehört und gesehen hast!«

Hiran versprach zu schweigen, empfing den Segen des Ehrwürdigen und ließ sich nach Hause tragen.

Am anderen Morgen sandte er Gold und Silber in den Tempel des Baal Hammon. Die Priester des Gottes empfingen die Gabe gnädig.

Das nahm Hiran als gutes Zeichen und hoffte gesund zu werden.

Die Seefahrt

Mit Sonnenaufgang verließ die »Seeschwalbe« den Hafen. Der Kapitän warf einige Kupferstücke ins Wasser, entzündete Weihrauchkörner in einer Schale und ließ den Duft nach oben schwelen. Damit bat er die Götter der See und der Lüfte um ihren Schutz im offenen Meer.
Utica kam in Sicht, eine Siedlung, die phönizische Auswanderer aus dem Libanon vor sechshundert Jahren gegründet hatten. Die »Seeschwalbe« glitt vorüber.
Der Steuermann wies zum Ufer. Auf dem Hügel, der die Küste beherrschte, stand eine Frau in grauem Gewand. Eine im Sonnenlicht kupferrot leuchtende Maske bedeckte ihr Gesicht. Die dämonische Gestalt streckte die Arme dem Schiff entgegen.
Die Männer auf der »Seeschwalbe« redeten und schrien durcheinander.
Da kam der Knabe nach oben, der sich gestern an Bord geschlichen hatte. »Was macht ihr für einen Krach?«, fragte er gähnend und rieb sich die Augen.
Ein Seemann deutete auf die Maskierte und der Knabe – lachte! Dafür hätten ihn die Männer am liebsten verprügelt.
Leider hatte der Kapitän befohlen das Bürschchen anständig zu behandeln.
Jetzt winkte er der Maskierten auch noch zu! Sie winkte zurück und verschwand.

Die Männer starrten Chero an, als ob er ein Zauberer wäre. Und der Kapitän fragte ihn, was das alles bedeute.

Chero lachte. »Die Frau mit der Maske ist die Hexe der Tanit; aber sie ist keine Hexe, sie ist eine Priesterin. Sie hat mir Honigkuchen zu essen gegeben.«

Dann erzählte er, wie er zu ihr gekommen war und was er bei ihr erlebt hatte.

»Hast du ihr verraten, dass du heute mit uns wegsegeln wirst?«, erkundigte sich der Kapitän.

»Nein«, versicherte Chero. »Nach dem Honigkuchen hab ich sie nicht mehr gesehen.«

»Wieso wusste es die Hexe trotzdem?«, brummte der Steuermann.

Chero zuckte die Achseln.

»Als ich ein Junge war«, erzählte der Kapitän, »lebte in unserem Dorf eine Zauberin, die in die Zukunft sehen konnte. Warum sollte es die Hexe der Tanit nicht auch können?«

Seine Männer nickten ihm zu. Wie alle Seeleute glaubten sie an gute und böse Mächte und an Zauberer und Zauberinnen, die Heil und Unheil beschwören konnten.

Günstiger Wind kam auf. Schon eine halbe Meile nach Utica ließ der Kapitän die Ruder einziehen und volle Segel setzen.

Wenn das kein Geschenk der Hexe war, die dem Wunderknaben zugewinkt hatte! Die Männer auf der

»Seeschwalbe« hielten Chero für einen Auserwählten, der den Göttern mehr bedeutete als Kupfermünzen und Weihrauch.

Melechs Sohn ließ sich die Verehrung der starken Männer gern gefallen. Von Tag zu Tag genoss er die Seereise mehr. Seekrank wurde er selbst dann nicht, als der Wind heftiger blies, die Wogen sich auftürmten und das Schiff zu schlingern begann. Breitbeinig stand er auf Deck, freute sich an den Gischtkämmen und bewunderte die Fische, die aus dem Wasser sprangen und in hohem Bogen zurückschnellten. Dazu verzehrte er süßes Fladenbrot und kaltes Geflügelfleisch.

»Seinen Magen möcht ich haben«, brummte der Kapitän beinahe neidisch.

Tanit und Belenus waren der »Seeschwalbe« gnädig. Es gab kein größeres Unwetter, niemand wurde krank. Ein Piratenschiff, das in gefährliche Nähe kam, drehte ab, nachdem ihnen die Männer der »Seeschwalbe« verschlossene Tonkrüge hinüberkatapultiert hatten. Seltsamerweise waren kleine Luftlöcher in diesen Krügen. Beim Aufschlagen auf dem Deck des Piratenschiffes zerbrach der Ton – und giftige Vipern schlängelten sich auf die Seeräuber zu.

Chero klatschte in die Hände. Das war ein Abenteuer nach seinem Geschmack! In Spanien, hoffte er, würde er viele erleben.

Bis Neu-Karthago geschah nichts Aufregendes mehr. Die See blieb friedlich.

Die Stadt enttäuschte Chero. Sie war noch nicht ausgebaut, im Hafen herrschte Durcheinander.

Der Kapitän und der Steuermann der »Seeschwalbe« erwiesen sich als Meister. Sie legten das Schiff an, wo kaum noch Platz zu sein schien.

Chero staunte – dann blieb ihm die Luft weg. Am Kai standen – der Kelte Yahann und die Ägypterin Nefer! Sie winkten ihm zu.

Er schluckte, schrie, und wenn ihn der Kapitän nicht zurückgehalten hätte, wäre er ins Wasser gesprungen. »Benimm dich«, knurrte der Seebär. »Gleich wird ein Brett ausgelegt, über das du laufen kannst. Zapple nicht herum, sonst halt ich dich an den Ohren zurück!«

»Aber das ist doch Yahann!«, rief Chero. »Und die neben ihm ist Nefer! Sie bringen mich zu Hannibal!«

Der Kapitän begriff und war erleichtert, dass er den anstrengenden Liebling der Götter so rasch los wurde. »Spuck mich an, bevor du von Bord gehst«, brummte er, »das bringt Glück. Dann darfst du als Erster an Land.«

Das Landungsbrett wurde ausgeworfen. Chero spuckte und lief. Yahann und Nefer empfingen ihn mit offenen Armen.

Der Haifisch

Yahanns Umarmung schnürte Chero die Luft ab. Dann zog ihn Nefer mit sich fort. Im Gewühl musste er Stöße und Püffe einstecken. Je weiter er durch die Menge schreiender Händler, jammernder Bettler, bettelnder Kriegsverletzter und streunender Kinder gezogen und geschoben wurde, desto weniger gefiel ihm die halb fertige Stadt, die Hasdrubal der Schöne »Neu-Karthago« nannte.

Chero atmete auf, als ihn Nefer in eine Hafenkneipe zerrte. Geschrei und drückende Enge waren auch hier. Verschütteter Wein verdunstete in Fisch- und Knoblauchgeruch.

»Du gewöhnst dich daran«, sagte Yahann. »Ich und Nefer haben uns auch daran gewöhnt und verdienen gut.« Ein hellhaariger Riese stieß drei, vier Männer zur Seite, baute sich vor Yahann auf und grunzte in einem Gemisch aus den verschiedensten Sprachen: »Wen bringst du denn da in deine Spelunke, du verdammter Wein- und Metverfälscher?« Dazu streckte er die Hand nach Chero aus – zuckte zurück und guckte verwundert. Dann blinzelte er auf seine Hand und schüttelte den Kopf.

Chero hatte ihn gebissen.

»Du Ratte!«, brüllte der Riese in das Gelächter der anderen.

Bevor er zuschlagen konnte, streichelte ihm Nefer die Wange und rief: »Sei friedlich, Berengar! Seit wann schlägt ein Kelte einen Knaben, den Belenus beschützt?!«

Der Riese ließ die Hand sinken, schüttelte sich und knurrte: »Wieso Belenus?«

»Zeig ihm das Amulett, Chero«, flüsterte Nefer.

Chero tat es. Der Riese wich zurück und hob die Hände, als verehrte er einen Gott.

Auf einmal war es totenstill in der Schänke. Überlaut dröhnte der Lärm von draußen herein.

»Belenus ist – mit ihm«, stotterte der Riese.

»Komm schnell, Chero«, drängte Nefer. »Wenn sie sich von ihrer Überraschung erholt haben, könnte dir ihre Begeisterung gefährlich werden. Alle sind Seeleute. Wenn sie zupacken, tut es weh, selbst wenn sie es gut meinen.« Sie zog ihn durch eine Tür in der Seitenwand. Hinter ihnen schrien die Zecher begeistert. Yahann hatte jedem ein kostenloses Getränk versprochen: spanischen Wein, keltischen Met oder ein ägyptisches Gesöff, das aus vergorenen Früchten gebrannt wurde. Da vergaßen die Männer den Knaben, den Belenus beschützte, und verschonten ihn mit ihrer Verehrung.

Nefer führte Chero in eine winzige Kammer. Er warf sich aufs Lager und die Strapazen der Seereise ließen ihn sofort einschlafen.

»Er gleicht seinem Vater«, flüsterte Nefer, huschte hinaus und zog die Tür hinter sich zu.

Chero verschlief den Tag und die Nacht . . .
Als er erwachte, schien die Sonne durchs Fenster. Er lag angezogen und fühlte sich wie zerschlagen. Es dauerte eine Weile, bis er sich erinnerte.
Yahann – und Nefer?
Er sprang auf.
Es roch nach Fisch, saurem Wein, schalem Met und draußen war Lärm.
Chero ging zu dem winzigen Fenster. Er sah in eine Seitengasse, in der sich Fußgänger, Reiter, Eseltreiber und Lastkarren stauten. Die einen drängten zum Hafen, die anderen in die Stadt zurück. Jeder stieß und schob und alle schrien durcheinander. Drei Stadtwächter, die Ordnung schaffen sollten, waren hoffnungslos eingekeilt.
Chero trat vom Fenster zurück – und sehnte sich plötzlich nach Karthago. – Oder nach der Mutter?
Er schüttelte den Kopf. Nein!, dachte er. Sie hat mich geschlagen! Sie hat meine Waffen zerbrochen! Und ich – ich werde Vater befreien!
Auf dem kleinen Tisch neben dem Lager standen eine Schüssel und ein Krug voll Wasser. Chero wusch sich und fühlte sich besser. »Ich freue mich, dass ich bei Yahann und Nefer bin«, sagte er laut, dann überkam ihn das heulende Elend. Er lehnte sich an die Wand, schlug die Hände vor das Gesicht und schluchzte.
Yahann kam. Chero hatte ihn nicht kommen hören. Er zuckte zusammen, als ihm der Kelte die Hand auf die Schulter legte.

»Ich hab nicht geweint«, schluchzte Chero.
»Warum solltest du weinen«, sagte Yahann. »Du bist ja nicht als Sklave verkauft worden wie tausende Knaben in deinem Alter. Und ich hab dich nicht weinen sehen. Jetzt hast du sicher großen Hunger. Da kann ich dir helfen. In meiner Schänke gibt es etwas, das in keiner vornehmen karthagischen Familie auf den Tisch kommt. Dabei schmeckt es himmlisch.« Er schnippte mit den Fingern. »Im ›Haifisch‹ – so heißt meine Kneipe – bekommst du gekochte und gebratene Fische.«
Chero musterte ihn misstrauisch. Wollte Yahann ihn zum Narren halten? Vornehme Karthager aßen keine Fische; die rochen widerlich und waren gerade noch gut genug für armselige Fischer, Bettler, Streuner und verwilderte Katzen.
»Sie schmecken köstlich«, versicherte Yahann.
Er führte Chero in die Schankstube. Wegen der frühen Stunde saßen nur wenige Gäste an den grob gezimmerten Tischen. Hinter dem Schankpult stand Nefer. Sie lächelte Chero zu. Zwei kräftige Mädchen bedienten die Männer an den Tischen. In einer Ecke lümmelte ein bärenstarker Schwarzer und tat, als ob er döste.
Yahann führte Chero in einen kleinen, gemütlich eingerichteten Nebenraum. Eine gut genährte ältere Frau trug ein Tablett herein. Darauf standen zwei Essnäpfe, aus denen es dampfte. Ungewohnter, doch angenehmer Geruch stieg in Cheros Nase. Die Frau setzte das Tablett ab, sagte etwas in fremder Sprache und ging.

»Meine Köchin hat uns Guten Appetit gewünscht«, übersetzte Yahann. Er wies auf die Näpfe. »Das ist die Morgen-Fischsuppe, wie sie die Leute hier zubereiten. Sie wird geschlürft. Wer einen Fischbrocken nicht in den Mund bekommt, angelt ihn mit den Fingern aus dem Napf.«

Chero kostete vorsichtig und die Suppe schmeckte ihm so gut, dass er schmatzte. »Fisch ist mhmmm«, lobte er mit vollen Backen.

»Na also«, sagte Yahann.

Nach der Morgensuppe setzte sich Nefer zu ihnen. Der Betrieb in der Schänke lief ohne sie weiter. Auf die Mädchen war Verlass; und der bärenstarke Schwarze in der Ecke würde Ruhe stiften, wenn Streithähne aneinander gerieten.

Nefer legte Chero die Hand auf den Arm und er ließ es sich gefallen. »Erzähl, was geschehen ist, seitdem Yahann und ich von Karthago weg sind«, bat sie.

Yahann trommelte mit den Fingern auf der Tischplatte herum und drängte: »Erzähl schon, bevor es mich zerreißt!«

Chero lächelte geschmeichelt. Dann erzählte er, warum er sich von zu Hause davongeschlichen hatte, wie er entdeckt worden war und der Oberpriester des Baal Hammon ihn auf die »Seeschwalbe« zurückbringen ließ.

Von sich selbst erzählten Yahann und Nefer dann nur so viel, wie Chero begreifen konnte:

Vor einem halben Jahr waren sie auf dem Schmuggelschiff des Bettlerkönigs nach Neu-Karthago gekommen. Dass es in Karthago einen Bettlerkönig gab, hatte Chero irgendwann gehört und sich nichts dabei gedacht. Dass dieser Bettlerkönig ein Schmuggelschiff besaß, fand Chero toll.

Auch die Kneipe in Neu-Karthago, die »Der Haifisch« hieß, gehörte dem Bettlerkönig. Als Yahann und Nefer nach Spanien gekommen waren, hatte ihnen der Kapitän des Schmuggelschiffes gesagt: »Ihr seid die Freunde des Bettlerkönigs und er vertraut euch. ›Der Haifisch‹ wurde soeben fertig gebaut. Wenn ihr möchtet, dürft ihr da Wirt und Wirtin sein. Die Hälfte aller Einnahmen gehört euch, die andere Hälfte bezahlt ihr dem König. Das lässt er euch sagen. Ich soll euch fragen, ob ihr einverstanden seid. Seht euch den ›Haifisch‹ an und gebt mir morgen Bescheid.«

Am nächsten Morgen hatten Yahann und Nefer zugesagt und den »Haifisch« übernommen.

Alles klappte. »Der Haifisch« wurde von Seefahrern, karthagischen Söldnern und Einheimischen gern besucht. Es sprach sich herum, dass man da nicht nur gut essen und trinken, sondern auch vernünftig reden könne, weil dort alle vernünftigen Sprachen verstanden würden. Der Wirt, hieß es, rede Keltisch, Karthagisch, Griechisch und sogar einige Brocken Latein. Die Wirtin sei Ägypterin und spreche außer ihrer Muttersprache auch Karthagisch. Mit den Schankmädchen könne man sich in den Mundarten unterhalten, die auf der Iberischen Halbinsel gesprochen würden, mit den schwarzen Rausschmeißern Afrikanisch.

Ein einziges Mal hatte es im »Haifisch« Streit – zwischen griechischen Seeleuten und iberischen Weinbauern – gegeben. Bevor sie sich in die Haare gerieten, hatten Yahanns Aufpasser die lautesten Streithähne gepackt, mit den Köpfen zusammengestoßen, hinausgeschleppt und ins Hafenwasser geworfen.

Das hatte sich herumgesprochen. Seither ging es im »Haifisch« weiterhin laut, doch einigermaßen friedlich zu. Ein paar Beulen an harten Köpfen zählten ebenso wenig wie blutende Nasen oder Zähne, die zufällig ausgefallen waren . . .

Was Chero nicht begriffen hätte, verschwieg ihm Yahann:

Der Bettlerkönig, ein Anhänger der Barkiden, hatte mit Hasdrubal dem Schönen ein Geheimabkommen geschlossen. Danach hatte der Bettlerkönig einen guten Platz in Neu-Karthago bekommen, um darauf eine Schänke zu bauen. Die sollte er vertrauenswürdigen Wirtsleuten übergeben, die als Spione für den Oberfeldherrn arbeiten mussten. In Neu-Karthago, hatte der schöne Hasdrubal überlegt, würden die verschiedensten Menschen zusammenkommen: Iberer, Karthager, Griechen, Kelten, Afrikaner und Römer. Sehr wichtige Leute würden darunter sein. Nach dem Genuss berauschender Getränke würde wohl mancher auch Staatsgeheimnisse ausplaudern.

Der Oberfeldherr wollte vor allem erfahren, was die Griechen in Zakantha gegen den Konkurrenzhafen Neu-Karthago zu unternehmen planten und ob die Römer den Friedensvertrag mit Karthago einhielten und nicht im Geheimen zum Krieg rüsteten.

Der Bettlerkönig schätzte Yahann als klugen Kopf, der zum Ausspionieren geeignet war. Und er wusste, dass Yahann die Ägypterin Nefer zur Frau nehmen wollte. Vor zwei Monaten hatte er ihnen vorgeschlagen für die Barkiden zu spionieren. Sie sollten dafür belohnt werden. »Wenn ihr meinen Freund Hasdrubal auf dem Laufenden haltet, geht der ›Haifisch‹ nach zehn Jahren in euren Besitz über«, hatte er versprochen. »Du, Nefer, bist übrigens keine Sklavin mehr. Ich habe dich freigekauft. Da Melechs Frau dich tot glaubt, hielt sie mich für einen Narren und forderte einen lächerlich geringen Preis. Hier ist dein Freibrief. Den Sklavenreif hast du sowieso schon abgelegt. Nun brauchst du keine Verfolgung mehr zu fürchten.«

So waren Yahann und Nefer Spione geworden.

Vor einem Monat hatten sie zuerst vor einem ägyptischen Priester, dann vor einem keltischen Druiden die Ehe geschlossen. Yahann war überrascht gewesen, dass Nefer so plötzlich eingewilligt hatte seine Frau zu werden.

»Und Hauptmann Melech?«, hatte er gefragt.

»Er ist verschollen«, hatte sie geantwortet, »wahrscheinlich ist er tot. Du, Yahann, lebst. Wir werden an ihn denken und uns um Chero kümmern. Ich hab geträumt, dass er eines Tages zu uns kommen wird. – Und ich werde dir eine gute Frau sein. Oder bist du anderer Meinung?«

»Natürlich nicht«, hatte er ihr versichert, »selbstverständlich überhaupt gar kein bisschen!« Dazu hatte er sie angestrahlt, dass es sie rührte ...

Vom Hochzeitsfest, das das ganze Hafenviertel mitgefeiert hatte, erzählten Yahann und besonders Nefer sehr ausführlich; doch Chero interessierte viel mehr, wieso sie ihn am Hafen erwartet hatten. »Haben euch das auch die Götter träumen lassen?«, erkundigte er sich.

Yahann erklärte es nüchtern. »So ein bisschen bleiben wir immer mit Karthago verbunden«, sagte er. »Sooft die Wachtboote, die vor der Küste kreuzen, einen karthagischen Segler melden, laufen wir zum Kai und warten auf alte Bekannte. Wenn einer, zwei oder gar mehrere dabei sind, freuen wir uns. Nun bist du gekommen und wir freuen uns besonders.«

»Ich möchte zu Hannibal«, sagte Chero.

Da klirrten vier Bewaffnete herein.

»So schnell?«, flüsterte Nefer. Chero wunderte sich, dass sie und Yahann nicht erschraken.

Einer der vier nickte ihr zu. »Wenn wir nicht so schnell wären, würde uns der Oberfeldherr aus seiner Leibwache werfen.« Er wies auf Chero. »Ist er das?«

»Er ist es«, antwortete Yahann. »Doch lass es uns ihm erklären. Er ist erst kurze Zeit bei uns, wir konnten es ihm noch nicht sagen.«

Der Söldner winkte ab. »Unnötig.« Dann wandte er sich an Chero: »Kannst du reiten, Knabe?«

Chero ärgerte sich über den Ton. »Besser als du!«, prahlte er patzig.

Die Söldner lachten. »Na, dann komm mal mit«, spottete der Wortführer. »Befehl des Oberfeldherrn Hasdrubal«, setzte er dienstlich hinzu.

»Ich will zu Hannibal!«, trotzte Chero.

»Zu dem bringen wir dich«, erklärte der Wortführer.

»Reite mit ihnen, Chero«, sagte Yahann, »du darfst ihnen vertrauen. Ich hab sie verständigt. Das musste ich, weil du für Hannibals Leben bürgst.«

Nefer legte Chero die Hand auf die Schulter. »Wenn du Hilfe brauchst, lass es uns wissen«, sagte sie herzlich. »Wir sind deine Freunde und immer für dich da.«

Kurz darauf galoppierten Hasdrubals Reiter und Chero auf schnellen Pferden nordwestwärts.

Hänge stiegen auf. Chero ritt an armseligen Dörfern vorüber und biss die Zähne zusammen. Der Galopp tat ihm weh. Heiß stach die Sonne vom Himmel.

Chero atmete auf, als sie in eine Senke trabten. Waffen und Rüstungen blitzten im Sonnenlicht. Vor einer Siedlung waren Zelte aufgeschlagen.

Ein Hornsignal schmetterte. Aus dem Lager preschten Reiter heran.

»Der vorderste ist Hannibal«, sagte der Wortführer zu

Chero. »Er hat sich bei der Erstürmung iberischer Städte ausgezeichnet.«

Chero reckte sich auf. Er wollte Hannibal zeigen, dass er kein Knabe mehr war.

Hannibal musterte ihn und befahl: »Bringt ihn in mein Zelt.« Dann riss er sein Pferd herum und galoppierte ins Lager zurück.

Chero war wütend, weil Hannibal ihn so von oben herunter angesehen und nicht einmal begrüßt hatte. Hochnäsig ist er, dachte er und nahm sich vor es ihm bei Gelegenheit ganz offen zu sagen. Schließlich war er, der Sohn des Melech, der Talisman dieses Angebers, auch wenn der ein paar Städte miterobert hatte.

Na und?

Ich bin sein Leben, dachte Chero grimmig. Wenn er mich ärgert, lass ich mich umbringen. Dann stirbt er mit mir!

Hannibal

Zehn Jahre alt war Chero, zweiundzwanzig Hannibal. Sein Schwager, Hasdrubal der Schöne, hatte ihn vor wenigen Tagen zum Hauptmann befördert und ihm die Söldner unterstellt, die Melech kommandiert hatte. Hannibal war stolz darauf.

In seinem Zelt gab es nichts Bequemes. Da waren vier Faltstühle, ein niedriger Tisch mit Schreibtafeln und Schriftrollen darauf und eine mit Fellen bedeckte Liegestatt.

»Lasst uns allein«, befahl er den Reitern, die Chero ins Lager gebracht hatten. Sie grüßten und gingen.

Chero stand Hannibal gegenüber. Der junge Hauptmann trug einen mit Kupferschuppen verstärkten Lederpanzer, kupferne Beinschienen und einen verbeulten Helm mit einem zerzausten Busch aus Pferdehaaren darauf. Er musterte den Jungen durchdringend. Chero fühlte sich unbehaglich.

Endlich redete Hannibal. Er nahm den Helm ab, hielt ihn Chero vor das Gesicht und sagte: »Die Dellen stammen von iberischen Hieben; die da von einem Schwertschlag, die runde von einem geschleuderten Stein. Es ist ein guter Helm. Er hat mir das Leben gerettet. Oder warst *du* es?«

Chero zuckte die Achseln.

»Du bist mein Talisman«, fuhr Hannibal fort. »Solange

du lebst, heißt es, wird mir nichts zustoßen. Die Göttin Tanit, sagt man, habe dir ihr Zeichen eingeprägt und der Keltengott Belenus beschütze dich mit einem Amulett. Stimmt das?«

Chero schwieg.

»Bist du stumm?«, brummte Hannibal. »Sag wenigstens ›wuff‹, Bürschchen, damit ich weiß, dass du reden kannst.«

»Wuff«, murmelte Chero.

Hannibal lachte. »Na also! Wuff hieß mein Hund, bevor ihn Söldner als Spießbraten verzehrten.« Er lachte nicht mehr. »Jetzt rudern sie auf Galeeren. Und du, Bürschchen, zeig die Zeichen!«

Chero gehorchte widerwillig.

»Zeichen der Götter«, murmelte Hannibal. »Solange du sie trägst, garantieren sie mein Leben. Aber ich muss einiges dazutun. Aus der Ferne sind die Zeichen nicht zu erkennen und vor geschleuderten Speeren und abgeschossenen Pfeilen dürften sie dich kaum schützen. Hier in Spanien kann ich dich von Freunden auch vor fliegenden Geschossen beschützen lassen und damit mein Leben sichern. Verstehst du das, Bürschchen?«

»Wuff«, brummte Chero; doch diesmal lachte der Hauptmann nicht darüber.

Er klatschte in die Hände. Ein Bewaffneter trat ins Zelt und stand stramm. »Sosylos zu mir!«, befahl Hannibal.

Der Söldner klirrte davon.

Kurz darauf kam ein zaundürrer Mann herein. Er verneigte sich nicht vor Hannibal, sondern fragte respektlos: »Welchen Unsinn hast du jetzt schon wieder ausgeheckt, du missratener Schüler?«

Hannibal regte sich nicht auf. »Das ist Sosylos, mein griechischer Lehrer«, sagte er zu Chero. »Ich habe ihn aus Karthago zurückgeholt, weil mich seine Gesellschaft erheitert. Er hasst Gewalt, mag keine Kriege und ärgert sich immer so schön, dass Kämpfen mein Beruf ist. Du, Bürschchen, wirst dich an keinem Kampf beteiligen, weil du weder verwundet noch getötet werden darfst. Da ist Sosylos der richtige Mann für dich. Er wird dich in allem unterrichten, was ein gebildeter Mensch wissen muss. Wenn ich ein berühmter Feldherr geworden bin, wird er dich zu einem Gelehrten gemacht haben, dessen Ruhm gleich nach dem meinen kommt.«

Damit war Chero nicht einverstanden. »Ich will meinen Vater befreien!«, begehrte er auf. »Wenn du mich einsperrst, lauf ich davon. Davonlaufen kann ich! Und wenn du Reiter hinter mir herschickst, dann – dann spring ich in eine Schlucht und brech mir das Genick! Dann bist auch du tot!«

Hannibal wandte sich an den Griechen: »Du hast es gehört, Sosylos. Was schlägst du vor?«

»Du enttäuschst mich abermals«, tadelte der Grieche. »Wie oft habe ich dich gelehrt die Gesetze der Gastfreundschaft zu achten! Chero hat einen anstrengenden Ritt hinter sich. Er ist hungrig, durstig und müde.«

»Ja, ja«, brummte Hannibal. »Doch musst du mir das vor diesem Winzling sagen, der noch nass hinter den Ohren ist?!«

Bevor Chero sich wieder aufregte, redete Sosylos weiter: »Lass deinen Besuch jetzt *meinen* Gast sein. Ich werde ihn besser bewirten als ein Hauptmann, der da auch noch nicht ganz trocken ist.« Dazu zeigte er hinter seine Ohren.

»Raus!«, brüllte Hannibal.

»Wir danken für die gütige Erlaubnis«, spottete Sosylos und zog Chero aus dem Zelt.

Hannibal schimpfte ihnen in Ausdrücken nach, die eines karthagischen Offiziers mit griechischer Bildung ganz und gar unwürdig waren.

Die Posten grinsten bewundernd.

Das Zelt des Sosylos stand in der Nähe. Es war gemütlicher eingerichtet als das des Hauptmanns.

Auf einen Wink des Griechen setzte ein Sklave ein Servierbrett mit zwei Schüsseln und zwei Bechern auf dem Tisch ab, verbeugte sich und verschwand.

»Gekochtes Hammelfleisch«, erklärte Sosylos, »nach spanischem Geschmack scharf gewürzt, und mit Kräutern angereicherter Fruchtsaft.«

Sie tranken einander zu. Chero fand den Saft scheußlich, aber er ließ es sich nicht anmerken. Das Hammelfleisch war scharf und machte durstig. Komisch, dass dieser Sosylos nur ganz wenig trinken musste.

»Was weißt du – von – meinem Vater?«, fragte Chero nach dem vierten Schluck mühsam.

»Hauptmann Melech wird viel zu lange vermisst, als dass er noch leben könnte«, antwortete der Grieche. »Wer länger als drei Monate verschollen bleibt, gilt für tot. Ein Gefallener würde viel eher gefunden, für gefangene Offiziere fordern die Iberer innerhalb von zwei Monaten Lösegeld.«

»Ich – ich glaub nicht, dass er – tot ist«, murmelte Chero mit schwerer Zunge. »Ich – such ihn – und dann . . .«

Dann wurde ihm schwarz vor den Augen, er sank vornüber.

»Verzeih mir«, murmelte Sosylos. »Doch wenn es ein Gelehrter wie ich mit einem Dickschädel wie dir zu tun bekommt, muss der Gelehrte leider auch zu primitiven Mitteln greifen.« Er roch an dem Becher, aus dem Chero getrunken hatte. »Ekelhaft«, brummte er angewidert und warf zuerst Cheros Becher, dann seinen eigenen aus dem Zelt hinaus. Draußen jaulte ein Hund.

»Dem schmeckt es auch nicht«, meinte Sosylos . . .

Als Chero erwachte, war es ihm, als drehten sich Mahlsteine in seinem Kopf. Dann hatte er das Gefühl, durchgeschüttelt zu werden. Übelkeit kroch ihm in die Kehle. Er stöhnte, fühlte eine Hand auf seiner Stirn und hörte beruhigende Worte, deren Sinn er nicht verstand.

Die Stimme erinnerte ihn an den griechischen Lehrer. Sie tat gut. Chero dämmerte wieder hinüber.

Im Unterbewusstsein merkte er, dass ihm jemand zu trinken gab . . .

Dann erwachte er richtig. Er lag auf etwas Weichem, streckte sich, öffnete die Augen und sprang auf.

Um ihn waren Mauern aus grob behauenen Bruchsteinen, von zwei kleinen Fensteröffnungen durchbrochen und einer metallbeschlagenen Tür verschlossen. Der Raum war eng und ungemütlich. Die Einrichtung bestand aus einer mit Fellen bedeckten Liege, einem Tisch, zwei Hockern, einer Truhe und einem Gestell, auf dem eine Waschschüssel und ein Wasserkrug standen. In einer Ecke war die Feuerstelle, deren Rauch durch die Öffnung in der Decke abzog. In der Fensterwand steckten zwei halb abgebrannte Fackeln. Alles war klobig, als sei es gegen Gewalt erbaut.

Sie haben mich eingesperrt, durchfuhr es Chero. Ich bin gefangen!

Er sprang zur Tür – sie war nicht verriegelt!

Er stolperte in einen engen Gang hinaus, der durch winzige Maueröffnungen mattes Licht erhielt. Schießscharten, dachte Chero und wusste, dass er sich in einer Festung befand. Doch warum ließ sich kein Wächter blicken?

Eine Steintreppe führte abwärts.

Chero griff sich an den Hals und atmete auf, als er das Belenus-Amulett ertastete. Vorsichtig stieg er die Stufen hinunter.

Da war wieder ein Gang – und nirgendwo ein Mensch.

Chero nahm das Amulett in die rechte Hand, legte die linke auf das Zeichen der Tanit und rief: »Heee! – Ist da jemand?!«

»... jemand ... jemand ... jemand ...«, zitterte der Nachhall aus den Gängen zurück.

Noch eine Treppe führte nach unten und da war wieder ein Gang. Eine Tür schloss ihn ab. Chero öffnete sie zögernd und blinzelte ins Sonnenlicht. Es dauerte eine Zeit lang, bis er deutlich sah. Vor ihm lag ein Hofraum. Vier Türme standen an den Ecken, dazwischen feste Bauten, die vermutlich Wohnräume und Stallungen enthielten. Kriegsknechte lümmelten in Gruppen herum und redeten nur halblaut, wahrscheinlich aus Respekt vor vier vornehmen Männern. Diese unterhielten sich in Cheros Nähe.

Chero erkannte Hannibal und den griechischen Lehrer. Der dritte war hoch gewachsen und älter als Hannibal. Sein Helm und seine Rüstung blitzten silbern; die Schließe, die den roten Mantel zusammenhielt, war aus Gold. Der vierte Mann, ein grobschlächtiger Riese, trug Leder wie Hannibal und an der Seite ein mächtiges Schwert mit vergoldetem Knauf. Er erinnerte Chero an Yahann. Wahrscheinlich war er Kelte wie dieser.

Sosylos wies auf Chero und sagte zu dem Mann in der glänzenden Rüstung: »Das, edler Hasdrubal, ist der Sohn des Melech.«

»Mein lebendes Amulett«, erklärte Hannibal.

»Komm näher!«, befahl der Oberfeldherr.

Chero ging mit gesenktem Kopf. Seine Hoffnung, aus diesen Mauern fliehen zu können, schwand mit jedem Schritt, den er auf Hasdrubal den Schönen zuging.

Dann stand er vor ihm und der Kriegsmann sagte: »Du darfst mich ansehen, ich beiße nicht. Dein Vater war mein Freund.«

Chero blinzelte unsicher.

»Hast du einen Wunsch?«, erkundigte sich Hasdrubal.

Chero nahm allen Mut zusammen und antwortete: »Ich will meinen Vater befreien.«

»Er ist tot«, sagte Hasdrubal.

Chero schüttelte den Kopf. »Das glaub ich nicht.«

»Wie kannst du es wagen, an den Worten des Oberfeldherrn zu zweifeln!«, fuhr ihn der grobschlächtige Riese an.

»Lass ihn, Hormes«, brummte der schöne Hasdrubal und zu Chero sagte er verärgert: »Sosylos wird dir Anstand beibringen. Hauptmann Hannibal berichtete mir, dass du dich von zu Hause weggeschlichen hättest.«

»Ich geh nicht zurück!«, rief Chero und stampfte mit dem Fuß auf.

»Du bist ungezogen«, tadelte Hasdrubal. »Doch weil du Hannibals Leben garantierst und hier besser beschützt werden kannst als in Karthago, darfst du bleiben. Deiner Mutter werde ich schreiben, dass sie sich keine Sorgen machen muss.«

Chero stand mit gesenktem Kopf. »Ich dachte, dass du gekommen bist, um mir zu helfen«, sagte er niedergeschlagen.

Die Offiziere lachten.

»Der Oberfeldherr Hasdrubal ist doch nicht deinetwegen da«, spottete Hannibal. »Von so viel Ehre sollte eine Rotznase wie du nicht einmal träumen.«

»Was für eine gewöhnliche Sprache«, seufzte Sosylos. Dann beugte er sich zu Chero nieder und flüsterte: »Der Oberfeldherr kontrolliert die Bergwerke des Fürsten Hormes. In drei Tagen soll ein mit Silbererz beladenes Schiff nach Karthago segeln. Hasdrubal überzeugt sich, ob die fünfzehntausend Sklaven in den Silberminen so schnell arbeiten, dass der Frachter rechtzeitig ablegen kann.«

»Wer ist Fürst Hormes?«, fragte Chero leise.

Sosylos deutete auf den Riesen. »Der dort«, wisperte er. »Hormes ist Kelte, Herr dieser Festung und herrscht als Fürst über die Dörfer im Tal. Er hat sich den Karthagern kampflos ergeben, ist ihr Freund geworden und verdient gut dabei. Der zehnte Teil der Silberausbeute gehört ihm.«

»Willst du ihn mit Getuschel trösten, Sosylos?«, spottete Hannibal. »Verwöhn ihn bloß nicht. Er garantiert mein Leben, aber er ist kein Hätschelkind. Verweichlichte Bürschchen werden leicht krank. Ich möchte, dass er abgehärtet wird und gesund bleibt!«

Jetzt war Chero von Hannibal restlos enttäuscht, er hasste ihn geradezu. Und der Oberfeldherr Hasdrubal, den sie »den Schönen« nannten, tadelte den unverschämten Hauptmann mit keinem Wort! Chero sah sich um. Hasdrubal ging, mit ihm Hormes, dieser – keltische Fürstenlümmel.

»Komm«, sagte Sosylos und Chero ließ sich wegführen. »Am Nachmittag seh ich bei euch vorbei!«, rief Hannibal ihnen nach. Dann folgte er dem Oberfeldherrn und dem Fürsten in die Bergwerke.

Wenn alle Heerführer und Offiziere so sind wie Hasdrubal, Hannibal und dieser Fürst, dann sind sie Ekel, dachte Chero.

Sosylos führte ihn nicht in den Turm zurück, sondern zu einem der Wohngebäude.

Ob ich auch so werden muss wie diese Grobiane?, überlegte Chero. »Nein!«, sagte er laut. »Mein Vater war *nicht* so!«

Sosylos verstand, was der Junge meinte. »Bestimmt nicht«, versicherte er barmherzig.

Im Hof standen nur noch wenige Bewaffnete. Die meisten waren dem Oberfeldherrn, dem Fürsten und dem Hauptmann als Schutzgarde gefolgt. Chero sah, wie die Söldner über ihn tuschelten. Einmal hörte er die Worte »Zeichen der Göttin Tanit« und »Amulett des allmächtigen Belenus«. Er fühlte sich als Mittelpunkt und war geschmeichelt.

Da kam das Mädchen.

Hilike

Die Kleine trat aus dem Haus, in das Sosylos gehen wollte. Sie war sechs oder sieben Jahre alt und sah nicht keltisch aus. Sie hatte dunkle Augen, pechschwarze Haare und trug ein Hängekleidchen, das an der Schulter von einer Spange zusammengehalten wurde. Das war karthagische Mode. Am linken Ohrläppchen hing ein schmaler Goldring. Auch das war karthagisch.
Die Kleine ging barfuß. In der Hand hielt sie ein bemaltes Holzstück, von dem zerzauste Schnüre hingen.
Sie musterte Chero neugierig.
Er fühlte sich unbehaglich, Mädchen mochte er nicht.
Da fragte sie ihn: »Bist du ein neuer Sklave?«
Sie fragte es, mit leicht keltischem Akzent, in der Sprache der Karthager.
Chero schnappte nach Luft, Sosylos hielt ihm den Mund zu.
»Warum lässt du ihn nicht reden, alter Mann?«, erkundigte sich das Mädchen.
Nun hätte sich der Grieche aufregen können, denn so alt war er auch wieder nicht. Er nahm seine Hand von Cheros Mund und erklärte der Kleinen: »Du hast einen vornehmen Karthager beleidigt. Er heißt Chero und ist der Sohn des ruhmreichen Hauptmanns Melech.«
»Schade, dass du kein Sklave bist«, sagte das Mädchen zu Chero. »Du gefällst mir. Wenn du ein Sklave wärst,

müsstest du mit mir spielen.« Sie hielt das Holzstück hoch, von dem die Schnüre hingen. »Das ist Wara. Mein Vater hat sie geschnitzt und bemalt und die Haare draufgemacht. Da ist mein Vater sehr lieb gewesen. Jetzt hat er keine Zeit mehr, weil er auf ganz viele Sklaven in den Bergwerken aufpassen muss. Wenn er nicht aufpasst, arbeiten sie nicht.«
»Wer bist du?«, fragte Chero.
»Ich bin Hilike«, antwortete sie. »Mein Vater ist Fürst Hormes, meine Mutter ist lieb.«
Cheros Zorn verflog. »Du gefällst mir«, hatte Hilike gesagt. Nun ja, überlegte er, vielleicht sind nicht alle Mädchen Gänse.
Hilike lächelte ihm zu. »Bleibst du bei uns?«, fragte sie neugierig.
»Das entscheiden andere«, erklärte Sosylos. »In der nächsten Zeit sind Chero und ich Gäste deines Vaters.«
»Ich werde ihm sagen, dass ich mit Chero spielen möchte!«, rief Hilike fröhlich.
»Bloß nicht«, brummelte Chero unbehaglich.
»Schweig!«, flüsterte Sosylos. »Sie könnte dafür sorgen, dass du dich freier bewegen darfst. Oder willst du monatelang im Turm hausen?«
Dann wunderte sich der Grieche. Chero bewies ihm, dass er weiter denken konnte als mancher Junge seines Alters. »Ich zeig dir ganz neue Spiele«, versprach er der Kleinen. »Aber jetzt wohn ich im Turm, da ist zu wenig Platz dazu.«

Hilike lachte. »Ich sag's meiner Mutter«, sprudelte sie heraus. »Dann sagt es meine Mutter meinem Vater und er tut meistens, was sie ihm sagt. Ich sag ihr's gleich!«
Sie winkte und lief ins Haus.
Sosylos klopfte Chero auf die Schulter. »Da hast du ja eine Eroberung gemacht«, scherzte er.
»Phhh!«, machte Chero.
Sie gingen in das Wohngebäude und stiegen eine Treppe hoch. Vor einigen Türen standen Wächter. Sonst lag das Haus wie ausgestorben.
Chero erinnerte sich an seine Eltern. In ihrem Hause hatte es zwar auch keinen Krach gegeben, aber es war lebendig gewesen. Er hatte Kameraden einladen und mit ihnen spielen dürfen. Nur die Wachen, die immer dabei gewesen waren, hatten ihn gestört. Hier, in der Burg dieses keltischen Büffels, war es totenstill.
Und da musste Hilike wohnen?
Chero schüttelte den Kopf.
»Da ist die Kammer, die sie mir zugewiesen haben«, sagte Sosylos. »Tritt ein, junger Freund.«
Der kleine Raum war ebenso dürftig eingerichtet wie Cheros Turmbude. Sosylos hatte lediglich einige persönliche Habseligkeiten mitgebracht, vor allem Schriftrollen, Papyri und Schreibtafeln.
Er deutete auf einen Stuhl, Chero setzte sich.
Sosylos eröffnete ihm wenig Erfreuliches. Chero erfuhr, dass die Burg des Fürsten Hormes einige Meilen nordwestlich von Neu-Karthago im Bergland stand. Hormes

beherrschte ein kleines, doch ungemein wichtiges Gebiet. Die Bergwerke, die in weitem Halbkreis um die Festung lagen, warfen reichen Gewinn ab. Der zehnte Teil davon reichte Hormes und seiner Familie zu gutem Leben. Die Frau des Fürsten stammte von der nordafrikanischen Küste und beherrschte die Sprache der Karthager. Sie hatte sie dem Gatten beigebracht und er konnte sich mit den neuen Herren ohne Hilfe von Übersetzern verständigen. Die Tochter Hilike redete die Sprache der Kelten und die der Karthager. Sie sprach karthagisch mit keltischer, keltisch mit karthagischer Färbung.

»Dass du hierher gebracht wurdest, ist deine Schuld«, sagte Sosylos zu Chero. »Wenn du dich in Hannibals Zelt besser beherrscht hättest, wärst du jetzt nicht in diesem Bergnest, sondern längst wieder bei Nefer und Yahann.«

»Ich will meinen Vater finden!«, begehrte Chero auf.

»Gut, gut«, brummelte der Grieche. »Bloß hättest du das bei Hannibal nur *denken* und es ihm nicht ins Gesicht schreien dürfen.«

»Es ist nichts Schlechtes!«, begehrte Chero auf.

»Für Hannibal schon«, belehrte ihn Sosylos. »Er glaubt an das Orakel und fürchtet um sein Leben, wenn deines in Gefahr ist. Gefahr für dich besteht, wenn du durch Spanien reitest, um nach deinem Vater zu forschen. Nicht alle Leute hier sind unsere Freunde, selbst wenn sie es behaupten. Einzelne Karthager und kleine Trupps karthagischer Söldner verschwinden immer wieder spurlos.«

»Ich such ihn *doch!*«, trotzte Chero.

»Das hättest du gekonnt, wenn Hannibal dich in den ›Haifisch‹ zurückgeschickt hätte«, sagte Sosylos. »Vielleicht hätte Yahann dir geholfen. Leider hast du die Probe nicht bestanden. Wenn ich nicht gut für dich gesprochen hätte, wärst du gefesselt auf ein Pferd gesetzt und von Söldnern in die Burg des Fürsten Hormes gebracht worden. Um dir die Schande zu ersparen, betäubte ich dich mit dem bitteren Gebräu; und Hannibal gestattete, dass du im gedeckten Wagen gefahren wurdest. Ich saß neben dir. Als die Betäubung wich, flößte ich dir wieder von dem Trank ein und verhinderte, dass du zu toben begannst. Die Söldner wären nicht zimperlich mit dir umgegangen.«

»Bin ich – eingesperrt?«, fragte Chero.

Sosylos versuchte ihn zu beruhigen. »Wenn du keine Dummheiten machst – sagt Hannibal –, darfst du manchmal aus der Burg hinaus. Dann werden dich Söldner begleiten und aufpassen, dass du nicht davonläufst. Ja – und ich soll dich unterrichten. Vielleicht setzt es Hilike durch, dass du die Kammer neben mir bekommst.«

»Oh ja!«, rief Chero.

»Mach dir keine falschen Hoffnungen«, warnte der Grieche. »Du würdest hier genauso bewacht wie im Turm.«

»Vor deiner Tür steht bestimmt kein Wächter«, sagte Chero.

»Tu nichts Unbesonnenes«, warnte der Grieche.

Chero hörte nicht auf ihn. Er lief zur Tür, riss sie auf und prallte zurück. Zwei Krieger kreuzten die Lanzen vor ihm.

Chero zeigte ihnen das Belenus-Amulett; und als die Kerle keine Miene verzogen, auch das Zeichen der Tanit. Die Lanzen blieben gekreuzt, die Krieger stumm, der Weg blieb versperrt.

»Fürst Hormes ist ein kluger Mann«, sagte Sosylos. »Er weiß vom Amulett und dem Zeichen. Deshalb lässt er dich von Männern bewachen, die weder an keltische noch an karthagische Götter glauben. Die zwei sind Hebräer. Sie verehren einen einzigen Gott, den sie Jehova nennen. Tanit und Belenus bedeuten ihnen nichts.«

Die Tür fiel zu. Chero setzte sich und stützte den Kopf in die Hände.

»Ich werde dir verraten, wie du dich bei Fürst Hormes beliebt machen kannst«, sagte Sosylos. »Wenn es dir gelingt, wirst du in seiner Burg recht angenehm leben.«

Er wurde unterbrochen. Hilike kam. Die Wächter hielten sie nicht zurück.

Sie strahlte Chero an und sagte fröhlich: »Du darfst bald mit mir spielen. Ich hab Mutter angebettelt, dass sie mit Vater reden soll. Wenn er zurückkommt, bettelt sie ihn an.«

Chero war nicht gerade begeistert.

»Freust du dich nicht?«, fragte Hilike. »Du hast gesagt, dass du mir ganz neue Spiele zeigen wirst. Und wenn meine Mutter meinen Vater angebettelt hat, darfst du aus dem Turm raus.«

Sosylos nickte ihr zu. »Sag deiner Mutter unseren Dank«,

bat er, machte ein sehr trauriges Gesicht und fuhr fort: »Da ist noch etwas. Chero fürchtet sich vor den bösen Geistern, die in der Burg deines Vaters hausen.«
»Böse Geister?«, fragte Hilike. »Wirklich?«
Sosylos blinzelte Chero zu und der Junge begriff. »Ich fürchte mich«, schwindelte er todernst.
»Wenn er sich fürchtet«, behauptete Sosylos, »vergisst er die schönen Spiele, die er dir zeigen möchte.«
»Ich möchte lieber draußen spielen als im Burghof«, sagte Chero.
»Ich sag's meiner Mutter!«, rief Hilike und lief hinaus. Die Wächter standen stramm und präsentierten die Speere vor ihr.
»Vor einem Mädchen«, brummelte Chero.
»Vor der Tochter des Fürsten Hormes«, sagte der Grieche ...
Schon am nächsten Morgen durfte Chero seine Turmbude mit der Kammer neben Sosylos vertauschen. Fürst Hormes hatte sich von Frau und Tochter »einwickeln« lassen. Um sicherzugehen, ließ er Chero von sechs statt bisher zwei Söldnern bewachen; von Kriegern, die weder an Tanit noch an Belenus glaubten.
Chero hätte sich freuen sollen – und war schlechter Laune. Er würde mit Hilike spielen müssen, Tag für Tag. Was für trostlose Aussichten für einen karthagischen Jungen, der seinen Vater befreien und dann Hauptmann werden wollte!
In der Nacht quälten ihn Träume.

Da war Mutter. Sie hob die Arme zum Himmel und jammerte laut.

Da war Hannibal nicht mehr Hauptmann, sondern Oberfeldherr der karthagischen Armee. Er eroberte alle Länder der Erde. Und sein lebendes Amulett Chero wurde in einem Käfig hinterhergefahren und von riesigen Kriegern bewacht, damit ihm nichts passierte.

Da war Hilike, mit der er in Kampfpausen im Grase sitzen und spielen musste.

Und die Hexe der Tanit lachte hinter ihrer Kupfermaske und zeigte mit dem Finger auf ihn ...

Er atmete auf, dass er alles nur geträumt hatte. Dann erschrak er schon wieder. Ein riesiger Schwarzer trat in die Kammer.

»Was willst du?!«, rief Chero und umkrampfte das Belenus-Amulett, das er ständig am Hals trug.

Der Schwarze grinste freundlich und sagte in schauderhaftem Karthagisch: »Ich bin Schwarzmann aus Afrika. Ich bin dein Sklave, Befehl von Fürst Hormes. Wenn du wünschst, dann zweimal klatsch in die Hände und Schwarzmann kommt.«

Nach langem Fragen begriff Chero, dass Fürst Hormes den Sklaven »Schwarzmann« nannte, weil er dessen afrikanischen Namen nicht aussprechen konnte. Schwarzmann sollte nicht nur Cheros Diener sein, sondern den »Gast« auch bewachen. Er bürgte mit seinem Leben dafür, dass Hannibals lebender Talisman nicht heimlich entwischte.

Chero sah die Angst in den Augen des Schwarzen, als dieser mit dem Finger einen Längs- und einen Querstrich in die Luft schrieb. Die Strafe der Kreuzigung hatten iberische Fürsten von den karthagischen Eroberern schnell übernommen.
Chero biss die Zähne zusammen. Die Drohung mit Schwarzmanns Tod machte Fluchtgedanken schrecklich.
»Was soll ich dir tun?«, erkundigte sich der Sklave.
Chero ließ sich Wasser zum Waschen bringen. Ohne Befehl massierte ihm der Schwarze dann den Körper. »Das ist gut für Starkwerden«, erklärte er freundlich.
Während Chero sich ankleidete, erschien Sosylos. Schwarzmann verneigte sich und ging.
Der Grieche brachte den Tagesplan. »Für heute nichts Besonderes, da du dich erst einmal eingewöhnen sollst«, sagte er dienstlich. »Wir werden zusammen frühstücken, dann im Burghof spazieren gehen. Bewegung nach dem Frühstück fördert die Verdauung. Nachher Unterricht in Griechisch. Nach dem Mittagessen wieder ein kleiner Spaziergang, dann Unterricht in Keltisch. Danach spielst du mit Hilike; dabei kannst du die neu erlernten Wörter gleich praktisch verwenden.«
Chero wollte protestieren.
Sosylos winkte ab. »Spielen mit Hilike ist ein Befehl, dem du gehorchen musst. Du wirst noch oft gehorchen müssen. Jetzt komm zum Frühstück.«

Schwarzmann

Im Schneckentempo, fand Chero, schlichen Tage, Wochen und Monate dahin. Fürst Hormes und die Fürstin behandelten ihn gut; Diener und Sklaven begegneten ihm mit Respekt. Er war Gast in der Burg und stand unter dem Schutz des Oberfeldherrn Hasdrubal des Schönen und des Hauptmanns Hannibal.

Trotzdem fühlte er sich gefangen wie ein Vogel im Käfig, der Leckerbissen durch Gitterstäbe gereicht bekommt.

Hilike war lieb zu ihm, doch ihre albernen Spiele ärgerten ihn immer mehr. Wenn dann noch Hilikes Freundinnen dazukamen, um ihn zu bewundern, wäre er am liebsten davongelaufen. Doch überall standen Wächter. Sie präsentierten respektvoll die Speere vor ihm – und kreuzten sie drohend, wenn er auch nur so tat, als ob er fliehen wollte.

Manchmal fand er den Unterricht, den ihm Sosylos in Sprachen, Lesen, Schreiben und in der Kunst des Rechnens erteilte, als Erholung.

Die Zeit war barmherzig; sie stumpfte ab. Was anfangs weh getan hatte, schmerzte von Monat zu Monat weniger. Dazu kam, dass es »draußen« kaum noch heldenhafte Kämpfe gab, von denen Boten berichteten. Hasdrubal der Schöne verhandelte lieber, statt dreinzuschlagen. Seit einiger Zeit liebte er die Bequemlichkeit, iberischen Wein und rauschende Feste, bei denen es hoch herging.

Hauptmann Hannibal ließ sich nur selten sehen. Dann erkundigte er sich knapp, ob Chero gesund sei, begrüßte ihn flüchtig – manchmal auch gar nicht – und ritt davon.

Immer wieder fragte Chero nach seinem Vater; und jedes Mal erhielt er die Antwort: »Hauptmann Melech ist tot.« Außer ihm zweifelte niemand daran.

»Dein Vater lebt nicht mehr«, sagte auch Sosylos. »Er hätte sich gemeldet, wenn er lebte. Behalt ihn in gutem Andenken und leb du dem Frieden.«

Dem Frieden leben?

Chero wollte Hauptmann werden. Er hielt Sosylos für einen guten Freund, doch – seiner Friedensliebe wegen – immer häufiger für einen alten Trottel, der von Ruhm und Ehre nichts verstand.

Das Bild des Vaters verblasste mit der Zeit. Vergebens wehrte sich Chero dagegen.

Doch warum ließen Yahann, Nefer und – Mutter nichts von sich hören? War es ihnen verboten?

Sosylos wusste es auch nicht ...

Fast zwei Jahre waren vergangen, da kam Yahann.

»Warum erst jetzt?«, fragte Chero.

»Ich wusste nicht, dass du in die Burg des Fürsten Hormes gebracht wurdest«, erklärte der Kelte. »Nefer und ich fragten alle möglichen Gäste aus, die im ›Haifisch‹ einkehrten; doch niemand wusste von dir.« Er lachte.

»Aber jetzt bin ich da. Und ich hab dir einen gebratenen Fisch mitgebracht. Sogar kalt schmeckt er vorzüglich.«
Yahann klatschte in die Hände. Schwarzmann trat ein und legte ein in feuchte Blätter gewickeltes Ungetüm auf den Tisch. Es verbreitete angenehmen Gewürzgeruch.
»Bis heute Abend hält er«, versicherte Yahann. »Lade Gäste ein und schlag ihnen die Gräten um die Ohren, wenn es ihnen nicht schmeckt.« Er klopfte Chero auf die Schulter. »Komm wieder mal in den ›Haifisch‹. Nefer wird sich freuen.«
»Gern«, sagte Chero, »aber sie lassen mich nicht raus.«
Yahann knurrte böse, als er von der »Gastfreundschaft« erfuhr, mit der Chero in der Burg festgehalten wurde. Dann legte er den Finger an die Lippen und flüsterte: »Da ist noch etwas. Du weißt, dass in Neu-Karthago viele Schiffe anlegen, die aus Karthago kommen. Und viele Leute aus Karthago kehren dann im ›Haifisch‹ ein. Da erfahr ich so einiges. Vor fünf Tagen besuchte mich der Bettlerkönig. Er wusste, dass du bei Hormes bist, und erzählte mir, dass dein Vater vor einem Jahr auch in Karthago für tot erklärt wurde. Dann redete er von deiner Mutter.«
»Hat sie sich Vaters wegen – etwas angetan?!«, rief Chero.
Yahann beruhigte ihn. »Aber nein. Jetzt schrei nicht mehr so und hör mir zu.«
Chero kniff die Daumen ein. Er spürte, dass Entscheidendes auf ihn zukam.

Yahann sprach weiter: »Deine Mutter erhielt die Nachricht, dass es dir gut gehe und Hasdrubal und Hannibal dich besser beschützen, als sie es könnte. Sie ist eine junge Frau. Melechs Besitz allein zu verwalten übersteigt ihre Kraft. Sie hat einen ehrenwerten Kaufherrn geheiratet. Er wird dein Erbe vermehren.«
»Und wenn mein Vater noch lebt?«, fragte Chero.
»Er lebt nicht mehr«, versicherte Yahann. »Das sagt auch der Bettlerkönig. Doch nun zu dir. Was kann ich für dich tun?«
»Hol mich hier raus«, bat Chero.
Das Gespräch wurde unterbrochen. Ein Sklave trat ein, verneigte sich und meldete: »Der ehrenwerte Fürst Hormes bittet seinen lieben Gast Chero und den Schankwirt Yahann zu einem bescheidenen Mahl zu dritt.«
Sie folgten dem Sklaven.
Das bescheidene Mahl erwies sich als reich gedeckte Tafel; und zu dritt waren nur die, die daran saßen. Fünf Sklavinnen bedienten, an den Wänden standen Bewaffnete. »Zum Schutz meiner Gäste«, sagte Fürst Hormes und hob den Becher zum Gruß ...
Wenige Tage später fühlte sich Chero so elend, dass er sein Lager nicht verlassen konnte. Er fieberte, redete wirr und erkannte weder Sosylos noch Schwarzmann und Hilike.
Der Leibarzt des Fürsten, ein keltischer Zauberpriester, legte dem Fiebernden kalte Umschläge auf, flößte ihm

Kräutersud ein und murmelte Beschwörungen. Sie halfen nicht.

Fürst Hormes jagte einen Boten zu Hannibal.

Am späten Nachmittag galoppierte der Hauptmann in den Burghof. Mehr tot als lebendig folgte ihm ein hebräischer Arzt. Ein Sklave führte sie zu dem Kranken.

Chero lag mit geschlossenen Augen, sein Atem ging stoßweise.

Mit ernsten Gesichtern standen der Zauberpriester, Fürst Hormes und Sosylos am Krankenlager. Vor der Tür warteten Hilike und Schwarzmann.

»Warum hast du ihm nicht geholfen?!«, fuhr Hannibal den Zauberpriester an.

Der Druide hob die Hände. »Da hilft kein Mensch mehr«, sagte er ergeben. »Das Amulett des Belenus und das Zeichen der Tanit verwerfen meinen kräftigsten Zauber. Der Gott und die Göttin haben seinen Tod beschlossen.«

Chero röchelte.

»Hilf *du!*«, herrschte Hannibal den Arzt an, der mit ihm gekommen war. »Wenn Chero stirbt, muss auch ich sterben – und du stirbst mit uns.«

Der Hebräer blickte nach oben. »Mit Hilfe Jehovas, des Allmächtigen, will ich es versuchen«, sagte er ergeben.

»Fang an!«, brummte Hannibal. »Wenn dein Gott dir beisteht, bleibst du nicht nur am Leben, sondern erhältst fünfzig Silberstücke dazu. Fürst Hormes wird sie dir bezahlen.«

»Selbstverständlich«, versicherte dieser und machte ein saures Gesicht dazu.

»Ich muss mit dem Kranken allein sein«, erklärte der Arzt.

Hannibal sprach nicht dagegen.

Der Hebräer öffnete das Bündel, das er immer mit sich trug. Mehr sahen die anderen nicht. Sosylos zog die Tür hinter ihnen zu.

Unendlich langsam verrann die Zeit . . .

Die Dämmerung ging in Dunkel über. Sklaven entzündeten Fackeln und Öllampen. Hannibal klopfte an Cheros Tür.

Sie wurde geöffnet. Müde und abgespannt, blinzelte der hebräische Arzt aus dem Dunkel ins Licht. »Er schläft«, sagte er. »Und er wird leben.«

»Hast du ihm einen Dämon ausgetrieben?«, fragte Hannibal.

»Nicht Dämonen, sondern Menschen haben ihn krank gemacht«, erklärte der Arzt. »Menschen, die ihn eingesperrt halten wie einen jungen Löwen im Käfig. Da verkümmert der Geist und eines Tages übermannt den Gefangenen die Verzweiflung. Sie macht nicht nur die Seele krank, sondern auch den Körper.«

»Wie hast du ihn geheilt?«, erkundigte sich der keltische Zauberpriester ärgerlich.

»Ich legte ihm die Hand auf und redete ihm gut zu«, antwortete der Hebräer. »Er fühlte es in seiner Ohnmacht. Es ist nicht mehr als ein Anfang. Heilen können ihn nur jene, die ihm die Tür des Käfigs öffnen.«

»Sobald er sich erholt hat, erlaube ich ihm Ausflüge in die Umgebung«, sagte Hannibal. »Zu seinem Schutz werden ihn Wächter begleiten. – Gut so, Hebräer?«
Der Arzt nickte. »Für den Anfang, Hauptmann – ja.«
Chero wurde gesund. Der Hebräer behielt seinen Kopf und strich die fünfzig Silberstücke ein, die ihm Fürst Hormes widerwillig bezahlte.
Fast tat es ihm Leid, dass Hannibal ihn dann ins Lager zurückrief. Bei Chero und Sosylos hatte er sich bedeutend wohler gefühlt als unter den Kriegern, die er verarzten musste. Zwar war jetzt Friede im karthagisch besetzten Spanien, doch Wunden gab es wie im Krieg. Die Söldner brachten sie einander bei, wenn sie über den Durst getrunken hatten. Dazu kam der penetrante Geruch, den die von Durchfall geplagten Helden verströmten. Keltische Krieger nannten die anrüchige Krankheit »Eponas Rache«, Epona war die keltische Rossegöttin, die fremde Eroberer nicht ausstehen konnte.
Chero genoss das bisschen Freiheit, das Hannibal ihm zugestand. Dass ihn Wächter begleiteten, störte ihn schon bald nicht mehr. Fast immer waren auch Sosylos, Hilike und Schwarzmann bei ihm. Der griechische Lehrer wies auf die Schönheit der iberischen Natur hin und sagte dazu Gedichte auf, Schwarzmann wartete auf Befehle und Hilike himmelte Chero immer deutlicher an.
Sosylos ritt miserabel, Schwarzmann annehmbar, Hilike ausgezeichnet. Als Chero ihr das sagte, strahlte sie über das ganze Gesicht.

An einem frühen Nachmittag ritten sie an den Silberbergwerken vorbei. Die Sonne stach.
In Hitze und Staub, unter Gebrüll und Peitschenhieben wankten hunderte von Männern aus den Bergen heraus und in die Berge zurück. Die herauskamen, schleppten in Körben Erz aus den Gruben, stolperten zu schweren Karren und luden die Lasten dort ab. Die in den Berg zurückkehrten, gingen gebückt, obwohl sie kein Erz mehr trugen. Antreiber brüllten zur Eile und peitschten auf nackte Rücken. Die Sklaven waren an den Füßen gefesselt. Schwere Ketten von Knöchel zu Knöchel machten Fluchtversuche unmöglich.
»Die meisten sind Kriegsgefangene«, sagte Sosylos.
»Müssen karthagische Söldner, die von Feinden gefangen werden, auch in Bergwerken arbeiten?«, fragte Chero.
Sosylos nickte. »Aber ja. Helden sind nur so lange Helden, solange sie siegen. Wenn sie unterliegen, schuften sie für die Sieger, bis diese besiegt und versklavt werden.«
Darüber dachte Chero so angestrengt nach, dass er nicht mehr auf den Weg achtete. Als sein Pferd vor einer ungefährlichen Natter auskeilte, flog er in den Sand.
Schwarzmann half ihm auf und hob ihn aufs Pferd zurück. Chero schielte zu Hilike hinüber. Sie lachte nicht über ihn, sie schmunzelte nicht einmal.
Seitdem sie keine dämlichen Kinderspiele mehr mit mir macht, ist sie annehmbar, dachte Chero. Wieder schielte

er zu ihr hinüber. Sie nickte ihm zu. Er kam sich ertappt vor und trieb sein Pferd an ...

Die Tage wurden kürzer, die Nächte länger, der Hitze folgte die Kühle. Auf die Berge im Norden fiel Schnee.

Je kälter es wurde, desto hastiger arbeiteten Baumeister, Gesellen und Sklaven an dem Palast, den sich Hasdrubal der Schöne in Neu-Karthago errichten ließ. »Das neue Karthago soll meine Hauptstadt werden«, bestimmte er und holte Künstler aus aller Welt in die zukünftige Metropole.

Yahann und Nefer freuten sich darüber. Ihre Schänke füllte sich jetzt auch mit den großzügigen Künstlern, die von Hasdrubal fürstlich bezahlt wurden.

Immer neidischer verfolgten die Handelsleute von Zakantha den Aufstieg der karthagischen Konkurrenz. Immer häufiger beschwerten sie sich in Rom und stießen auf taube Ohren. »Solange Hasdrubal Zakantha nicht angreift und den Ebro nicht überschreitet, erklären wir keinen Krieg«, entschied der römische Senat.

Der spanische Winter brachte Ruhe in das Gezänk. Die Schifffahrt wurde zeitweise unterbrochen. Die karthagischen Söldner in Spanien legten sich auf die faule Haut. Selbst kleine Gruppen iberischer Freiheitskämpfer griffen nur noch selten an.

Für die Sklaven in den Silberbergwerken änderte sich nichts. Die Knechte des Hormes brüllten sie weiterhin an und schlugen zu.

Chero lernte zu Griechisch und Keltisch auch Latein und

übte sich im Reiten auf schnellen Pferden. Dass seine Bewacher noch bessere Tiere ritten als er, merkte er bald und schlug ihnen Schnippchen. Er ließ sein Pferd Haken schlagen und lachte über die dummen Gesichter der Wächter. Hilike guckte ihm das Hakenschlagen ab und lachte mit ihm.
Chero mochte sie jetzt wie eine Schwester...
Das Frühjahr begann mit Regen. Bäche und Flüsse traten über die Ufer, überschwemmten das Umland und ließen Wege und Straßen in Morast versinken.
Fürst Hormes verbot »seinem lieben Gast Chero« die Burg zu verlassen. Draußen sei es viel zu gefährlich, behauptete er. Außer Wasser und Schlamm machten jetzt auch räuberische Banden die Gegend unsicher. »Was dann, wenn sie dich als Geisel nähmen?«, gab er zu bedenken. »Da bleib mal lieber im Schutz meiner Burg.«
Chero zupfte sich an der Nase und sagte nichts dagegen.
Fürst Hormes nahm es als Versprechen und scherzte: »Du bist in Ordnung, Junge. Wenn du und Hilike sieben oder acht Jahre älter wärt, würde ich euch glatt miteinander verheiraten.« Er lachte dröhnend, schlug Chero auf die Schulter und stapfte davon.
»Alter Narr«, brummte Chero hinter ihm her.
Dann glaubte er an ein Zeichen der Götter.
Der Sklave Schwarzmann brachte einen Imbiss. Dabei flüsterte er so leise, dass Chero ihn gerade noch verstand: »Schwarzmann weiß, dass du möchtest fliehen von Hormes. Schwarzmann will auch fliehen. Jetzt ist

gute Zeit. Wachen sehen nicht gut, weil schlechtes Wetter. Schwarzmann hört und sieht gut, auch wenn ist wenig Licht. Schwarzmann stiehlt Pferde und bringt dich, wohin du willst. Dann reitet Schwarzmann auf ein Schiff. Schwarzmann ist Seemann gewesen, bevor gefangen und Sklave.«

»Danke, Tanit«, sagte Chero ebenso leise, »danke, Belenus.« – Und: »Wann?«, fragte er den Schwarzen.

»Morgen«, antwortete Schwarzmann, »wenn du hast gegessen zu Abend. Dann passen Wächter nicht scharf auf, weil sie haben getrunken und ist schlechtes Wetter. Morgen früh sagt Schwarzmann genau, was wir tun.«

Chero strich ihm über die Wange. »Danke«, flüsterte er aufgeregt.

Schwarzmann küsste die Hand, die ihn gestreichelt hatte. Dann floh er aus der Kammer, als schämte er sich.

Im Lateinunterricht war Chero zerstreut und gab Antworten, über die Sosylos den Kopf schüttelte.

Und Hilike wunderte sich, dass Chero während des Abendessens am Tisch des Fürsten kaum redete und auf Fragen erst antwortete, wenn sie zwei- oder gar dreimal wiederholt wurden.

Nur der Fürst merkte nichts. Er hatte schon am Nachmittag dem Wein zugesprochen und erzählte seiner Gemahlin zum x-ten Mal von Heldentaten, die er angeblich vollbracht hatte.

Morgen Abend, dachte Chero – morgen Abend.

Die Flucht

Wieder träumte Chero schlecht. Er sah sich im Wasser treiben und versinken, sah Schwarzmann am Kreuz, hörte Hannibal toben und Hilike weinen.

Als er schweißgebadet erwachte, hörte er den Regen prasseln und atmete auf, dass er das Schreckliche nur geträumt hatte.

Er fragte sich, warum er fliehen wollte. Jetzt zweifelte auch er kaum mehr daran, dass sein Vater nicht mehr lebte – selbst wenn es weh tat, es zu denken. Und wohin sollte er fliehen? – Nach Neu-Karthago in den »Haifisch«? – Vor Hannibal hätte ihn auch Yahann nicht schützen können. – Nach Karthago? – Mutter hatte einen fremden Mann geheiratet. – Und ging es ihm nicht gut bei Hormes?

Chero grübelte, wurde unsicher und dann zornig. »Ihr habt mich eingesperrt!«, schimpfte er. »Ich will nicht länger eingesperrt sein! Ich möchte gehen, wohin ich will, und bleiben, wo es mir gefällt! Und ich will kein Talisman für Hannibal sein, bloß weil es die Hexe prophezeit hat!« Er riss sein Wams auf und kratzte am Zeichen der Göttin, bis es blutete.

»Du sollst nicht verletzen dich selbst«, sagte Schwarzmann.

Chero fuhr auf; er hatte den Sklaven nicht kommen hören. »Kannst du nicht husten, bevor du mich erschreckst?!«, herrschte er ihn an.

»Schwarzmann hat geklopft«, entschuldigte sich der Sklave. »Du hast nicht gehört, weil Zorn ist in dir. Jetzt wasch dich. Das Zeichen auf deiner Brust geht nicht weg mit Kratzen. Schwarzmann das weiß. Solche Zeichen machen Zauberer in Heimat von Schwarzmann.«

»Ich will weg«, sagte Chero. »Heute Abend. Du hast es versprochen.«

»Aber ja«, flüsterte der Schwarze. »Sei nicht laut! Hier haben Wände Ohren.« Während Chero sich wusch, flüsterte ihm Schwarzmann den Fluchtplan zu:

Gleich nach dem Abendessen sollte Chero erklären, dass er müde sei und schlafen gehen möchte. In seiner Kammer solle er sich dann schlafend stellen, um die Wächter zu täuschen. Erst auf Schwarzmanns Zeichen dürfe er in den Burghof schleichen. Der Schwarze würde zweimal nacheinander wie ein Käuzchen rufen, das dürfte nicht auffallen. Ein Käuzchen nistete im Gemäuer der Burg. Im Hof würde Schwarzmann Chero bei der Hand nehmen und vor die Mauer bringen. Er kenne da einen versteckten Durchschlupf, sagte er. Draußen stünden die Pferde, jedes mit Proviant bepackt...

Der Himmel meinte es gut. Es klarte nicht auf.

Chero wunderte sich, dass Sosylos die Zerstreutheit des Schülers nicht tadelte. Ob der Grieche etwas ahne?

Nach dem Mittagessen fragte Hilike: »Was ist mit dir, Chero? Bist du krank?«

»Quatsch«, brummte er unsicher.

Sie lachte. »Oder willst du davonlaufen?« Sie wollte einen Scherz machen und erschrak.

»Halt den Mund!«, herrschte Chero sie an und lief weg. Fürst Hormes hörte es zufällig. »Der Bengel spielt wieder mal verrückt«, brummelte er, dann vergaß er es. Ein Aufseher meldete ihm, dass unter den Bergwerkssklaven Unruhe aufgekommen sei.

Der Fürst rief Bewaffnete zusammen und galoppierte mit ihnen zu den Silbergruben.

In der Burg hielt ein Wächter den Sklaven Schwarzmann an. »Hast du was geklaut, Schneemensch, weil du so schleichst?«, erkundigte er sich misstrauisch.

Der Schwarze zeigte seine leeren Hände und palaverte: »Schwarzmann geht in den Stall und sieht nach Pferd von Chero. Pferd von Chero hat heute früh nicht gefressen. Schwarzmann sieht nach, ob noch krank.«

»Schleich dich weiter«, brummte der Wächter und stellte sich unter das nächste Vordach, das den Regen abhielt.

Der Sklave verschwand im Stall.

Am späten Nachmittag jammerte Chero Sosylos vor, dass ihm nicht gut sei. »Sag es auch Hilike«, bat er. »Ich will sie nicht sehen.«

»Überleg dir, was du tun möchtest«, warnte der Grieche.

»Wie – wie meinst du das?«, stotterte Chero. »Hat – Schwarzmann geredet?«

»Nein«, antwortete Sosylos. »Ich sehe dir an, dass du Gefährliches planst. Wenn Schwarzmann dabei ist, bin ich beruhigt.«

»Wirst du schweigen?«, fragte Chero.
Sosylos versprach es, dann lächelte er. »Selbst wenn ich wollte, könnte ich nichts verraten. Ich weiß ja nicht, was ihr plant. Die Götter seien mit euch.«
Kurz vor dem Abendessen ritten Fürst Hormes und seine Knechte in den Burghof. Nur mit Mühe hatten sie den Aufstand in den Minen unterdrückt. Blut war geflossen, und das alles im scheußlichsten Regen.
»War hier was los?!«, herrschte der Fürst den Wächter an, der ihm gerade in die Quere lief.
Der Mann erschrak, sprang zurück und stotterte: »Cheros Pferd – Cheros Pferd – frisst wieder.«
»Willst du mich zum Narren halten?!«, brüllte Hormes und hob die Peitsche.
»Nein, Herr!«, stöhnte der Wächter. »Der – Sklave Schwarzmann hat es – hat es mir gesagt.«
Hormes sprang vom Pferd, warf die Zügel einem Sklaven zu, packte den Wächter an den Schultern und knurrte: »Wie war das mit Cheros Gaul?«
Der Wächter berichtete stockend; dann wunderte er sich. Der Fürst drückte ihm eine Kupfermünze in die Hand, nickte ihm zu und stapfte durch den Regen ins Herrenhaus.
Hormes war kein Dummkopf. Er erinnerte sich an die Auseinandersetzung zwischen Chero und Hilike, die er rein zufällig mitgehört hatte. – Und Schwarzmann war Cheros Sklave! Dass der schwarze Halunke den Wächter angelogen hatte, stand fest. Heute Morgen hatte sich

Hormes überzeugt, dass sein Lieblingspferd richtig futterte. Neben dem Hengst des Fürsten stand Cheros Tier. Es hatte kein Futter verweigert.

Fürst Hormes befahl vertrauten Männern Chero und Schwarzmann zu beobachten. Erst dann legte er die durchnässten Kleider ab, zog trockene an und ging zum Abendessen.

Dort ließ seine schlechte Laune kaum Gespräche aufkommen. Verstohlen beobachtete er Chero und Sosylos. Der Grieche schien nichts zu wissen. Sich so zu verstellen hätte er nicht fertig gebracht, fand der Fürst. Schwarzmann war nicht da; er bediente nicht beim Abendessen. Hilike sah immer wieder zu Chero hinüber. Sie war traurig. »Dumme Gans«, knurrte Fürst Hormes, merkte den Blick seiner Frau und entschuldigte sich mürrisch: »Dich mein ich nicht.«

Dann wurde er hellhörig. Gleich nach dem Essen bat Chero in seine Kammer gehen zu dürfen, weil ihm nicht gut sei.

»Genehmigt«, sagte der Fürst, »und gute Besserung, damit Hannibal nicht auch krank wird.« Dazu lachte er dröhnend. Die Gäste am Tisch lachten pflichtschuldigst mit.

Chero kam das Lachen gefährlich vor und er fürchtete sich. Sofort nach dem Abendessen lief er in seine Kammer.

Alles schien bestens zu laufen. Vor der Kammertür stand kein Wächter. Auch in den Gängen lauerten keine Aufpasser.

Chero dankte Tanit und Belenus. Eilig packte er seine Habseligkeiten in ein kleines Bündel.

Draußen rührte sich noch immer nichts. Vorsichtshalber legte er sich wie zum Schlafen nieder. Das Bündel versteckte er unter der Zudecke. Dann lag er mit geschlossenen Augen und horchte in das Prasseln des Regens.

Niemand kam in die Kammer, um nachzusehen.

Da rief das Käuzchen zweimal nacheinander. Chero löschte die Öllampe und huschte in den Gang hinaus. Die Fackeln in den Mauerringen gaben müdes Licht.

Unbehindert kam Chero in den Burghof. »Gib mir deine Hand und lauf hinter mir her«, flüsterte Schwarzmann aus dem Dunkel heraus.

Sie liefen, krochen durch das Schlupfloch, schlichen an der Burgmauer entlang und erreichten eine kleine, von überhängendem Fels überdachte Plattform.

Dort standen zwei Pferde. Chero erkannte sie als Schemen. Die Tiere schnaubten, als sie die Menschen witterten. Schwarzmann zischte und sie beruhigten sich.

»Steig auf«, hörte Chero den Schwarzen flüstern.

Da knirschte es im Fels über ihnen. Steinchen polterten herunter. Fäuste packten Chero und rissen ihn vom Pferd. Bevor er aufschlug, rief er: »Verrat, Schwarzmann! Flieh!« Dann verlor er das Bewusstsein...

»Wo bin ich?«, fragte er, als er erwachte.

Gelächter antwortete ihm.

Mühsam öffnete er die Augen und erkannte Hormes.

Neben dem Fürsten stand Sosylos, der dritte Mann – ja, der musste wohl Hannibal sein.

»Wo ist Schwarzmann?«, fragte der Fürst und jetzt lachte er nicht mehr.

Chero versuchte sich zu erinnern, doch in seinem Kopf drehte sich ein Mühlstein, der jeden Gedanken zerrieb.

Dann redeten der Fürst und Hannibal zusammen. Sosylos sprach beruhigend dazwischen, sie fuhren ihn grob an.

Langsam verzog sich der Nebel und der Mühlstein stand still. Chero erkannte, dass er in der Turmkammer lag und dass es – dem Sonnenstand nach – Morgen sein musste.

Er sprang auf und fuhr den Griechen an: »Hast du uns verraten?!«

Sosylos zuckte die Achseln und sagte zu Hormes und Hannibal: »Er ist auf den Kopf gefallen und redet irre. Warum hätte ich einem vierzehn Jahre alten Träumer zur Flucht aus sicheren Mauern raten sollen?«

»Schade, dass er mein Talisman ist«, brummte Hannibal.

»Schade«, knurrte der Fürst. »Da darf ich ihn nicht einmal auspeitschen lassen, weil sonst auch dir, hochverehrter Hauptmann, Ähnliches zustoßen könnte.« Er verbeugte sich vor Hannibal. »Ist es so, Verehrtester?«

»Sorg dafür, dass dir die verdammte Kröte nicht noch einmal davonhüpft!«, fuhr Hannibal den Fürsten an.

»Darauf kannst du dich verlassen«, versicherte Hormes . . .

Von da an war Chero wirklich gefangen. Er saß im Turm und wurde Tag und Nacht bewacht. Ein taubstummer Sklave brachte ihm die Mahlzeiten und Wasser zum Waschen. Nicht einmal Sosylos durfte den Schüler besuchen. Die Spaziergänge im Burghof waren gestrichen.
Schon nach wenigen Tagen hätte sich Chero über Hilikes Besuch gefreut. Sie war ihm fern wie der griechische Lehrer.
Chero lernte die Einsamkeit als Folter kennen.
Ein kleiner Trost blieb: Schwarzmann hatten sie nicht gefangen! Chero drückte ihm die Daumen.
Je länger die Einsamkeit dauerte, desto mehr schmerzte sie. Für jeden Tag seiner Gefangenschaft ritzte Chero einen Strich in die Mauer . . .
Nach siebenundfünfzig Strichen kam Sosylos. »Der Oberfeldherr Hasdrubal, den sie den Schönen nannten, wurde ermordet«, berichtete er. »Zum neuen Oberfeldherrn wählten die Söldner Hauptmann Hannibal. Er befreit dich aus deiner Gefangenschaft. Ich habe den Befehl dich zu ihm zu bringen.« Sosylos seufzte. »Hannibal plant Großes. Ich bete zu den Göttern, dass es uns nicht zum Übel gerät.«
»Wo ist Schwarzmann?«, fragte Chero.
»Entkommen«, sagte der Grieche. »Doch jetzt beeil dich, Hannibal wartet nicht gern.«
Im Hof standen der Fürst, Hilike und Kriegsknechte.
Ein Hauptmann des neuen Oberfeldherrn begrüßte Che-

ro und Sosylos. Sie bestiegen die Pferde, die Hannibal ihnen gesandt hatte.

»Ich danke den Göttern, dass ich den karthagischen Bengel loswerde«, knurrte Fürst Hormes.

Hilike winkte. Chero sah, dass sie weinte.

»Vorwärts!«, befahl Hannibals Hauptmann.

Vor der Burg warteten zwanzig numidische Reiter, um Chero und Sosylos sicheres Geleit zu geben.

Hannibals Burg

Sechsundzwanzig Jahre alt war Hannibal, als ihn die Söldner zum Oberfeldherrn ausriefen. Damit befahl er nicht nur der Armee, sondern regierte auch als Karthagos Bevollmächtigter das besetzte Spanien von der Südküste bis zum Ebrofluss im Nordosten hinauf.
Er hätte in den Palast einziehen können, den sich Hasdrubal der Schöne in Neu-Karthago erbaut hatte.
Hannibal liebte keine Paläste. »Das alberne Getue verweichlichter Vornehmer widert mich an«, sagte er. »Ich bin Krieger und kein Palastmännchen.«
Um Neu-Karthago zu schützen, belegte er es mit einer starken Besatzung unter dem Kommando eines Hauptmanns. Weitere Truppen unter dem Befehl energischer Offiziere und verbündeter Iberer hielten andere wichtige Stützpunkte besetzt. Das Gros der Armee zog Hannibal auf einer weiten Hochebene und in den umliegenden Bergdörfern hundert Meilen nördlich von Neu-Karthago zusammen.
Die Ebene war das ideale Gelände, um Reiterei und Fußvolk auszubilden. Kommandorufe, Kampfgeschrei, Rossewiehern und Waffengeklirr erfüllten die Luft.
Hannibal und seine Stabsoffiziere wohnten in einer verlassenen Burg, die einem Trümmerhaufen ähnlicher sah als einer Festung. Die Hütten, in denen die Söldner

hausten, waren baufällig, die Zelte zerschlissen. Und es roch nicht gut.

Trostlos, fand Chero.

Hannibals Empfangsraum enttäuschte ihn erst recht. Es war eine Bruchbude, noch ärmlicher als die Turmkammer bei Hormes. Hannibal saß auf einem Klappstuhl, ein Offizier stand neben ihm. Sie musterten Chero misstrauisch.

»Du bist vierzehn Jahre alt?«, fragte Hannibal.

Chero nickte.

»Es heißt ›Ja, Oberfeldherr‹!«, tadelte der Offizier. »Und steh nicht so lässig da!«

Hannibal winkte ab.

»Darf ich mich jetzt frei bewegen?«, fragte Chero. »Ich bin kein Verbrecher und kein Sklave. Trotzdem war ich eingesperrt. Lässt du mich endlich gehen, wohin ich möchte – Oberfeldherr?«

»Laut Orakelspruch hängt mein Leben von deinem ab«, brummte Hannibal. »Vergiss es nicht!«

Trotz stieg in Chero auf. »Fürchtest du dich vor dem Sterben, Oberfeldherr?«, spottete er.

Hannibal schlug mit der Faust auf den Tisch. »Jetzt geht es nicht mehr um mich allein, du Grünschnabel!«, fuhr er den Jungen an. »Jetzt geht es um Karthago, verstanden?!«

Chero zuckte die Achseln.

Etwas ruhiger fuhr Hannibal fort: »Die Römer sind gefährlich. Vor zwanzig Jahren haben sie uns Sizilien weggenommen und den größten Teil unserer Flotte geraubt. Unseren Handel brachten sie fast zum Erliegen. Sollen wir nur deshalb neue Schiffe gebaut und Spanien erobert haben, dass sie uns noch einmal alles wegnehmen?« Wieder schlug er auf den Tisch. »Ich werde sie angreifen und so schlagen, dass ihnen jeder Appetit auf Karthago vergeht!« Er beherrschte sich mühsam und sprach ruhiger: »Als ich ein Knabe war, ließ mich mein Vater schwören niemals ein Freund der Römer zu werden. Jetzt führe ich die karthagische Armee. Sie ist aus vielen Völkern und Stämmen zusammengewürfelt. Wenn mir etwas zustieße, würden die meisten Söldner davonlaufen. Mit dem Rest hätten die Römer leichtes Spiel. Du musst bei mir bleiben, Chero, so will es die Göttin Tanit. Versprich mir, dass du nicht fliehen wirst. Dann darfst du dich frei bewegen und nur wenige Bewaffnete werden dich zu deinem Schutz begleiten.«

»Das verspreche ich nicht«, sagte Chero.

»Dann wirst du keinen Schritt mehr tun, ohne schärfstens bewacht zu werden«, entschied Hannibal. »Jetzt bist du nicht mehr nur mein lebendes Amulett; du weißt auch von meinem Plan, die Römer anzugreifen.«

»Den werde ich nicht verraten«, versprach der Junge.

Hannibal winkte ab. »Unter der Folter verraten die meisten alles und jeden. Darauf lasse ich es nicht ankommen.« Dann befahl er Chero in die Kammer zu bringen, die hinter der des Sosylos lag.

Es war ein enger, notdürftig möblierter Raum mit einem

kleinen, vergitterten Fenster. Die einzige Tür führte in die Kammer, die Sosylos bewohnte. Nur durch die Stube des Griechen konnte Chero seine Kammer verlassen. Draußen standen Wächter.

Ein Sklave brachte Wasser zum Waschen, ein Fladenbrot und einen Krug Ziegenmilch. Er zündete eine Fackel an, sagte kein Wort und ging stumm, wie er gekommen war.

Chero schlich zur Tür. Sie war nicht verschlossen. Vorsichtig zog er sie auf. »He, Sosylos«, flüsterte er.

Der Grieche saß im Halbdunkel. »Geh schlafen«, sagte er müde. »Gute Nacht.«

Enttäuscht zog Chero die Tür hinter sich zu.

Im Traum erschien ihm die Hexe. Sie trug keine Maske und lächelte. Oder war es höhnisches Grinsen? – Dann kam Yahann aus dem Nebel, zuckte die Achseln und sagte: »Da sitzt du fest. Aus diesem Rattenloch holt dich niemand raus.« – Dann weinte jemand. »Hilike!«, rief Chero und erwachte vom Klang der eigenen Stimme.

Er lag im Dunkel. Es roch nach gelöschten Fackeln. Draußen schrie ein Käuzchen. Chero schüttelte den Kopf, nannte sich einen Narren und zog die Decke fester um sich.

Drei Leben

Es folgte ein Jahr härtester Gefangenschaft. Hannibal blieb misstrauisch, seine Wächter beäugten Chero auf Schritt und Tritt. Tröstende Worte des Griechen Sosylos machten alles nur noch schlimmer.

Immerhin gestattete Hannibal, dass sich Chero im Reiten und Fechten übte; zur Selbstverteidigung, wenn es je einmal darauf ankommen sollte. Dabei wurde der Gefangene besonders streng bewacht.

Für Hannibal war es eine Zeit wichtiger Vorbereitungen. Er empfing Späher, die in Zakantha, jenseits des Ebro und sogar in Italien spioniert hatten. Er verstärkte sein Heer und ließ Kampfelefanten aus Karthago nach Spanien bringen.

Das Winterquartier verlegte er dann in die Umgebung von Neu-Karthago. Fruchtbare Felder lieferten Verpflegung für die Armee. In den Schmieden wurden Waffen angefertigt und Wein und Met gab es zu niedrigen Preisen.

Hannibal holte seine Brüder Hasdrubal und Mago nach Neu-Karthago, ernannte sie zu Offizieren und übertrug ihnen wichtige Kommandos.

In Neu-Karthago sah Chero Yahann und Nefer wieder. Hannibal hatte den Besuch im »Haifisch« gestattet. Allerdings musste sich Chero von Sosylos und sechs Leibwächtern begleiten lassen. Die Wächter erregten kein Aufsehen in der Schänke. Dort drängten sich Krieger und Zivilisten vom frühen Morgen bis in den späten Abend hinein. Und Cheros Aufpasser trugen keine Uniformen.

Yahann und Nefer freuten sich ehrlich. Sie baten Chero und dessen Begleiter in das vertraute Nebenzimmer. »Ihr seid meine Gäste«, sagte Yahann und klatschte in die Hände.

Ein Schankmädchen erschien. »Die besten Getränke und ein fürstliches Mahl für meine Freunde!«, rief Yahann. Dabei deutete er verstohlen auf Chero. Das Mädchen blinzelte zurück. Es verstand, dass nur dem Jungen das Beste vom Besten geboten werden musste. Die anderen sollten Leckerbissen bekommen, die den echten zwar täuschend ähnlich sahen, doch billiger waren als diese.

Getränke und Vorspeisen wurden aufgetragen, Yahann und Nefer wünschten Guten Appetit.

Da geschah Dämonisches am helllichten Tag. »Ich will mit Chero sprechen«, sagte eine herrische Frauenstimme. »Ihr anderen geht!«

Die Männer fuhren auf, Cheros Wächter griffen zu den Waffen. Alle starrten zur Tür.

Dort stand eine Frau in grauem Gewand. Niemand hatte sie kommen hören. Die untere Gesichtshälfte verdeckte ein Schleier. Darüber waren dunkle Augen, von deren Blick eine seltsame Kraft ausging.

»Geht!«, befahl die Verschleierte noch einmal. »Nur Chero bleibt!«

Sosylos fasste sich zuerst. »Also gehen wir«, meinte er gelassen. »Chero kann nicht fliehen. Das Nebenzimmer hat nur eine Tür, die wird bewacht. Und vor dem Fenster können weitere Posten aufpassen, dass uns der liebe Junge nicht davonfliegt.«

Nur er selbst lachte über den Scherz. »Für kurze Zeit«, entschied der Anführer der Leibwache.

Die Verschleierte nickte ihm zu.

Dann saß Chero ihr gegenüber und sie sprach mit leiser Stimme:

> »Drei Leben, Sohn des Melech, sind dir geschenkt;
> zwei, so will es die Göttin, als Opfer für Hannibal.
> Das Opfer des dritten Lebens bedeutet den Tod.«

Wie Schuppen fiel es von Cheros Augen. »Du bist die Hexe der Tanit!«, stieß er hervor, erschrak und entschuldigte sich: »Verzeih, ich meine – du bist die Dame, von der ich das Zeichen der Göttin habe.«

»Schon gut«, sagte sie. »Hannibals Wächter geben uns nicht viel Zeit. Hör zu.«

»Ich höre«, murmelte Chero.

Die Priesterin sprach weiter: »Drei Leben schenken die Götter den Menschen. Das erste ist die Kindheit, das zweite die Jugend, das dritte das Leben des Mannes und der Frau. Götter, Dämonen und die Menschen selbst können Leben verkürzen und vernichten. Götter durch Seuchen und Unfälle, Menschen durch Kriege und andere Verbrechen.«

Chero erschrak. »Sind Kriege Verbrechen?«, fragte er hilflos.

»Ich kam, um dir das Orakel zu deuten«, sagte die Priesterin. »Unterbrich mich nicht weiter.«

Chero versprach zu schweigen.

»So höre die Deutung«, sagte die Priesterin. »Acht Jahre, lehren unsere Weisen, dauert die Kindheit, acht Jahre die Jugend. Mit sechzehn wird der Junge zum Mann, das Mädchen zur Frau. Deine Kindheit, Chero, hast du Hannibal geopfert, wie das Orakel verhieß. Um Hamilkars ältesten Sohn nicht zu gefährden, wurdest du ständig bewacht. Du durftest nicht tollen wie andere Kinder; und wenn du ins Wasser sprangst, sprangen Schwimmer dir nach. Du wurdest behütet, dass es dich schmerzte. Du musstest für Hannibal leben, so legten dessen Freunde den Orakelspruch aus. Deine Jugend opferst du jetzt. Du hast erfahren, wie schwer es ist, für einen anderen leben zu müssen. In weniger als einem Jahr ist deine Jugend zu Ende und dein drittes Leben beginnt. Das Opfer des dritten Lebens, prophezeit dir die Göttin, bedeutet den Tod.« Die Verschleierte hob die Stimme: »*Bedeutet*, sagt das Orakel. Das heißt nicht, dass du auch dein drittes Dasein Hannibal opfern musst. Am Ende eines jeden Lebens steht der Tod. Es liegt an dir, ihn für

Hannibal zu sterben – oder für dich selbst. Entscheide dich, wenn du sechzehn bist, für Hannibal im Krieg zu fallen – oder in hohem Alter und in Frieden ins Reich der Schatten zu gehen. Die Göttin ist dir gnädig, wie du dich auch entscheiden magst.«
Die Priesterin schloss die Augen und verkündete mit fremder Stimme, die von weit her zu kommen schien:

> »Verderben droht der Stadt am Meer.
> Ungetüme heißer Zonen
> stapfen durch eisige Kälte.
> Zittern werden die Römer
> vor Hannibal, dem Barkiden.
> Doch sterben wird er
> von eigener Hand.«
> Die Stimme schläferte ein ...

Harte Fäuste schüttelten Chero. Er schrak auf und sah den Anführer der Leibwache vor sich. »Wo ist sie?«, knurrte der Krieger.
Chero rieb sich die Augen. »Wer?«, fragte er gähnend.
»Bist du tatsächlich so dumm oder stellst du dich nur so?«, fuhr ihn der Söldner an. »Was hast du mit der Verschleierten ausgeheckt und wie ist sie hinausgekommen?!«
Chero erinnerte sich mühsam. »Bringt mich zu Hannibal«, bat er. »Ich möchte ihm sagen, dass er mich nicht mehr bewachen lassen muss. Ich verspreche ihm mein

ganzes zweites Leben lang nicht mehr davonzulaufen.«
»Er spinnt«, brummte einer der Wächter.
»Das Versprechen ist wichtig, du Schwachkopf«, erklärte ihm der Anführer. »Wir reiten sofort.«
»Und das Festessen?«, fragte Yahann in der Tür.
»Du wirst es uns mitgeben«, sagte Sosylos. »Deine Köstlichkeiten schmecken auch kalt.«
Yahann stimmte ihm zu: »Gewiss, weisester aller Griechen. Ich werde die Leckerbissen einpacken lassen.« Den beiden Söldnern, die vor der Tür auf Wache gestanden waren, flüsterte er im Vorbeigehen zu: »Es bleibt unter uns, Freunde.«
Sie grinsten erleichtert. Was war schon dabei gewesen, dass sie ihren Posten für lächerliche Augenblicke verlassen hatten. Hätten sie den freundlichen Wirt beleidigen sollen, indem sie den Wein ablehnten, den er ihnen anbot? Die Theke war so nah an der Tür, dass sie die Verschleierte bestimmt gesehen hätten, wenn sie aus dem Nebenzimmer herausgekommen wäre.
So hatten sie ihrem Anführer mit gutem Gewissen versichert: »Wir waren auf Posten und haben nichts Verdächtiges bemerkt.«
Wie die Verschleierte den »Haifisch« verlassen hatte, war und blieb ein Rätsel.
Yahanns Köstlichkeiten schmeckten dann auch kalt.
Hannibal freute sich über Cheros Versprechen. Vorsichtshalber ließ er den Jungen noch eine Zeit lang beob-

achten; dann stellte er die Bespitzelung ein und kommandierte nur zwei Söldner zum persönlichen Schutz des Jungen ab.

Das Leben wurde für Chero erträglich und er genoss es.

Die Stadt am Meer

Reich war Zakantha, die vieltorige, mit mächtigen Mauern gepanzerte Stadt am Meer. Griechische Händler, deren Vorfahren hier sesshaft geworden waren, und neu zugewanderte Griechen vermehrten den Reichtum von Jahr zu Jahr. Die Iberer in der Stadt und deren Umgebung verdienten an Handel und Schifffahrt mit und waren den griechischen Kaufherren Freunde geworden.

Die Römer hatten Saguntum, wie sie Zakantha nannten, unter ihren Schutz gestellt; nicht aus Griechenliebe, sondern um einen Stützpunkt im Herrschaftsgebiet der Karthager zu haben, wenn es eines Tages wieder zum Krieg zwischen Rom und Karthago kam.

Dass dieser Krieg kommen musste, wussten die Politiker auf beiden Seiten genau. Die Karthager vergaßen den Römern die Wegnahme der Insel Sizilien nie.

Bald schien es so weit zu sein. Hannibal, der seinem Vater geschworen hatte niemals ein Freund der Römer zu werden, war Oberfeldherr geworden.

Römische Spione meldeten dem Senat in Rom, dass dieser Hannibal den Angriff auf Saguntum plane. Die Senatoren schickten zwei Gesandte nach Neu-Karthago.

Hannibal empfing sie im Palast der Barkiden. Sie warnten vor einem Angriff auf die Stadt, die unter römischem Schutz stand.

Hannibal bewirtete die Römer aufs Beste und iberischer

Wein löste ihre Zungen. Der Oberfeldherr erfuhr die Namen römischer Spione und iberischer Freiheitskämpfer, die karthagische Pläne dem Erzfeind verraten hatten.
Hannibal entließ die Gesandten reich beschenkt. Dann drückte er sein Siegel auf Todesurteile. Römische Bürger, die für Rom spioniert hatten, und Iberer, die für die Befreiung ihres Landes von karthagischer Herrschaft kämpften, starben für Rom und Spanien; »ehrenhaft«, wie es hieß. Sie wurden mit dem Schwert gerichtet. Karthagische Verräter starben am Kreuz.

Im Frühjahr befahl Hannibal den Angriff. Der Zeitpunkt war raffiniert gewählt. In den folgenden Monaten konnten die Römer der Stadt nicht zu Hilfe kommen. Sie führten Krieg in Illyrien, ihre Legionen waren dort in aufreibenden Kämpfen gebunden.
In drei Heersäulen bewegten sich die Karthager und die mit ihnen verbündeten Hilfsvölker auf Zakantha zu.
Chero ritt in Hannibals Tross. Seine beiden Leibwächter wichen ihm nicht von der Seite. Wenn Hannibal leben sollte, durfte Chero nicht fallen. Das Orakel der Göttin spukte nicht nur im Kopf des Oberfeldherrn herum, sondern auch in den Köpfen der Söldner. Cheros Leben bedeute den Sieg, glaubten die Krieger. So wurde Melechs Sohn während des Kampfes um Zakantha ängstlicher bewacht als ein morgenländischer König.
Die Angreifer schlossen die Stadt auf den Landseiten ein und schnitten ihr den Nachschub vom Festland her ab.

Versorgungsschiffe brachten nur für kurze Zeit Hilfe. Dann unterbrach Hannibals Bruder Mago, der die neue karthagische Flotte befehligte, auch die Versorgung von der Seeseite her.

Hannibal forderte die Verteidiger zur Übergabe auf. Sie sandten ihm die Unterhändler verprügelt zurück.

Der erste und zweite Ansturm misslangen. Hannibal richtete sich auf lange Belagerung ein. Er setzte auf den Hunger, den sichersten Bundesgenossen aller Belagerer. Dieser Bundesgenosse forderte Zeit.

Hannibal hatte sie. Das Umland von Zakantha war fruchtbar und konnte eine Armee ernähren. Besonders schmackhaft waren die Feigen, sie schmeckten auch unreif. Als mehrere Söldner nach dem Genuss grüner Feigen an Durchfall erkrankten, verbot Hannibal den Genuss der Delikatesse.

Von Zeit zu Zeit erschienen Leute auf der Stadtmauer, beschimpften die Belagerer oder verhöhnten sie. Dann flogen Pfeile und Speere. Manchmal gab es Ausfälle aus der Stadt, die zurückgeschlagen wurden. Chero wurde die Belagerung langweilig.

Der Frühling wich dem Sommer, der Sommer dem Herbst. Zakantha trotzte noch immer. Der Hunger hatte es nicht eilig.

Hannibal ließ fahrbare Türme bauen, von deren Plattform Steine in die Stadt geschleudert wurden. Er ließ riesige Rammböcke zimmern, deren Dächer zum Schutz vor Brandpfeilen mit nassen Fellen bespannt wurden. Je dreißig Sklaven zogen und schoben diese Ungetüme und die kräftigsten Söldner stießen die an Ketten hängenden Rammpfähle gegen die Mauern der Stadt.

Es half nichts. Die Mauern hielten stand, die Verteidiger wehrten sich verbissen.

Chero bat Sosylos ihm die Langeweile mit Unterricht zu vertreiben. Der Grieche tat es gern ...

Eines Abends sprengte ein Reiter ins karthagische Lager, wies sich als Bote des Fürsten Hormes aus und verlangte den Oberfeldherrn zu sprechen. Hannibal empfing ihn im Zelt.

»Fürst Hormes lässt dich grüßen und schlägt dir einen Handel vor«, meldete der Bote.

Bei Hannibal saßen zwei Hauptleute, Bruder Hasdrubal, der aus Neu-Karthago zu Besuch gekommen war, und der griechische Lehrer Sosylos. Sie blinzelten einander zu. Alle kannten Hormes als gerissenen Geschäftsmann, der es mit jedem karthagischen Schlitzohr aufnehmen konnte.

»Fass dich kurz«, befahl Hannibal.

Der Bote bestellte seinen Auftrag: »Fürst Hormes weiß, dass Zakantha bald fallen wird. Dann werden deine Soldaten plündern und es wird Beute und Gefangene geben. Mein Fürst braucht dringend Sklaven für die Bergwerke, die Silber nach Karthago liefern. Er bittet dich und deine Söldner nur ihm die gefangenen Zakanther zu verkaufen. Er weiß, dass deine Krieger alles tun, was du ihnen befiehlst. Befiehl ihnen also die Gefangenen, die jeder macht, niemand anderem zu verkaufen als den Beauftragten meines Fürsten. Für diese Gefälligkeit verspricht dir Fürst Hormes die Hälfte ihres Wertes als persönliches Geschenk.«

»Und wenn es keine Sklaven gäbe?«, wandte Sosylos ein.

Der Bote lachte. »Aber, aber! Wenn eine Stadt erobert wird, gibt es Gefangene. Sie werden als Sklaven verkauft. Das war so und wird so bleiben.«

Nach kurzem Überlegen erklärte sich Hannibal einverstanden.

»Deine Weisheit, Oberfeldherr, ist unübertrefflich«, schmeichelte der Bote des Fürsten.

Sosylos hüstelte.

»Neidisch, Grieche?«, spottete Hannibal.

»Betrübt«, sagte Sosylos. »Wie alt bist du denn jetzt?«

»Achtundzwanzig«, brummte Hannibal misstrauisch, »aber das weißt du doch. Was soll die Frage?«

Sosylos seufzte. »Die Weisheit meines achtundzwanzig Jahre alten Schülers ist also unübertrefflich. Demnach gibt es neben dem unübertroffen weisen Hannibal nur Minderweise.« Er seufzte noch tiefer. »Weiser Hannibal, gestatte einem minderweisen Griechen sich vor deiner Weisheit zu verneigen.«

»Raus!«, schnauzte der Oberfeldherr.

Sosylos verbeugte sich rasch. Der Becher, den Hannibal nach ihm warf, flog über seinen Rücken weg gegen die Zeltwand.

»Es war noch Wein darin«, tadelte der Grieche. »Wie schade.«

Der Bote des Fürsten bat auch Chero sprechen zu dürfen.

»Was will Hormes von dem Jungen?«, brummte Hannibal.

»Nichts«, antwortete der Bote. »Ich soll Chero von Hilike grüßen.«

»Eine Liebeserklärung?«, stichelte der junge Hasdrubal.

»Sei nicht albern, Bruder«, sagte der Oberfeldherr. »Hilike dürfte dreizehn sein. Ein Küken, mein Lieber.«

Einer der Offiziere lachte. »Küken, Oberfeldherr? In Ägypten, hörte ich, werden schon Elfjährige verheiratet.«

Diese Vorstellung erheiterte Hannibal. Er befahl dem Offizier den Boten zu Chero zu bringen.

Es war nicht weit dorthin.

Sie gingen zu Fuß.

Im karthagischen Lager und auf den Mauern der Stadt leuchteten Fackeln. In großen Pfannen brannte und rußte Pech. »Es wird eine friedliche Nacht«, sagte Hannibals Offizier zum Boten des Fürsten.

Vor Cheros Zelt standen zwei Krieger auf Wache. Einer meldete den Boten.

»Soll reinkommen«, sagte Chero.

Der Bote trat ein. »Du bist gewachsen, Chero«, sagte er statt eines Grußes.

Chero erkannte ihn als Söldner des Fürsten Hormes. »Ich werde sechzehn«, sagte er. »Was bringst du mir?«

»Grüße von Hilike«, antwortete der Bote. »Sie ist sehr hübsch geworden.«

Chero deutete auf einen Klappstuhl. »Setz dich.« Auf seinen Wink brachte ein Sklave Fruchtsäfte.

Sie tranken einander zu.

»Hübsch, sagst du?«, fragte Chero, nur um etwas zu sagen.

»Sehr«, versicherte der Gast, »und sehr traurig. Sie schwärmt für einen jungen Mann.«

Chero zuckte die Achseln. »Na und?«

»Sie will auf ihn warten, bis sie sechzehn ist, und ihn dann heiraten«, erzählte der Bote weiter.

»Soll sie doch«, meinte Chero. »Die meisten karthagischen Mädchen heiraten mit sechzehn.«

»Da ist ein Haken dran«, wandte der Bote ein. »Hilike ist sich nicht sicher, ob der, von dem sie träumt, auch sie mag.«

»Sie ist hübsch?«, fragte Chero noch einmal.

»Sehr«, schwärmte der Gast und verdrehte die Augen.

»Hmm«, brummelte Chero, trank einen Schluck und erkundigte sich spöttisch: »Wer ist der Trottel, der das nicht merkt?«

»Der Trottel bist du«, antwortete der Bote. »Hilike himmelt dich an, seit sie dich kennt.«

Chero trank hastig, verschluckte sich und hustete. »Ich – ich hab keine Zeit für Mädchen«, brummte er unbehaglich.

Der Bote schmunzelte. »Soll ich ihr das sagen?«

»Nein«, murmelte Chero. Dass die sehr hübsch gewordene Hilike für ihn schwärmte, schmeichelte ihm. »Sag ihr«, meinte er zögernd, schüttelte den Kopf und winkte ab. »Ach was! Sag ihr gar nichts.«

Der Bote nickte. »Wie du willst. Da fällt mir ein, dass ich dich auch von Nefer und Yahann grüßen soll. Ich komme öfter in den ›Haifisch‹. Ich soll dir sagen, dass auch sie die Deutung des Orakels kennen. Sobald du sechzehn geworden bist, wollen sie dir – wenn du willst – zur Flucht verhelfen.« Er dämpfte seine Stimme zum Flüstern. »Beobachte genau, was mit und in Zakantha geschieht. Das lässt dir der Mächtige sagen. Du kennst ihn nicht, doch er ist dein Freund. Wenn es an der Zeit ist, wirst du von ihm hören. Dann entscheide, ob du fliehen oder bei Hannibal bleiben möchtest.«

»Wer ist dieser Mächtige?«, fragte Chero.

»Vergiss unser Gespräch«, flüsterte der Bote des Fürsten. »Ich habe dir Grüße von Hilike bestellt und dass sie sich auf ein Wiedersehen mit dir freut. Alles andere hast du geträumt – und vergessen.«

»Wer ist der Mächtige?«, drängte Chero. »Sag es mir – bitte! Ich finde keine Ruhe, wenn ich es nicht weiß. – Bitte – wer ist es?«

»Der Bettlerkönig von Karthago«, antwortete der Bote so leise, dass nur Chero es hörte. »Er ist Hannibals Freund und dich hat er ins Herz geschlossen. Zwei Leben für Hannibal sind genug, findet er. – Doch auch das vergiss. Leb wohl.« Er nickte Chero zu und verließ das Zelt ...

Einige Tage später führte ein Vorposten drei Griechen zu Hannibal. Sie hatten sich aus Zakantha hinausgeschlichen und berichteten, dass die Verteidiger über genügend Lebensmittel und Waffen verfügten, um die Stadt über den Winter hinaus halten zu können. Dann, hofften sie, würden ihnen die Römer zu Hilfe kommen.
»Und?«, fragte Hannibal.
»Wir trauen den Römern nicht«, antwortete der Sprecher der drei. »Nur zu oft haben sie ihre Verbündeten im Stich gelassen. Wir und unsere Freunde sind Händler und möchten in Frieden leben. Der Krieg verdirbt das Geschäft.«
»Zur Sache«, sagte Hannibal ungeduldig. »Was wollt ihr von mir?«
Der Sprecher räusperte sich. »Wenn du versprichst unser Leben und Eigentum und das unserer Familien und Freunde zu schützen, wirst du Zakantha in einer einzigen Nacht erobern. Wir werden euch führen, wenn unsere Freunde auf Wache stehen. Auf unser Zeichen werden sie deinen Kriegern eine geheime Pforte öffnen.« Er hielt Hannibal die Hand hin. »Schlag ein, Oberfeldherr.«
»Verrätern verspreche ich nichts«, sagte Hannibal verächtlich. »Was ihr mir verraten wollt, werdet ihr auch so ausspucken. Meine Numider verstehen sich auf die Folter.«
Die drei warfen sich zu Boden und bettelten um Gnade.
»Du gehst in die Stadt zurück«, befahl Hannibal dem Sprecher. »Dort bereitest du alles vor und gibst das Zei-

chen für den Angriff. Lass drei Fackeln von der Mauer werfen, das ist unverdächtig. Fackeln fallen immer wieder herunter. Deine Freunde bleiben als Gäste bei mir. Sie sind verloren, wenn du falsch mit mir spielst.« Auf seinen Wink wurden die Geiseln abgeführt.
Chero kam zufällig vorbei und beobachtete, wie drei Söldner zwei Männer vor sich hertrieben. Die Gefangenen waren bestimmt keine Sklaven, sie sahen vornehm aus. Ihr Jammern fand Chero ebenso unwürdig wie die Fausthiebe der Krieger. Dass es auf Hannibals Befehl geschah, war sicher. Chero hatte die fremden Männer und die Söldner aus dem Zelt des Oberfeldherrn kommen sehen.
»Ekelhaft«, sagte er angewidert ...
Zum letzten Mal sandte Hannibal Unterhändler in die belagerte Stadt. Im Namen des Oberfeldherrn forderten sie den Senat auf Zakantha sofort zu übergeben. Dafür versprachen sie allen Bewohnern das Leben und freien Abzug. Jeder dürfe Nahrungsmittel für zwei Tage mitnehmen, dazu ein zweites Gewand. Dann sollte es ihnen gestattet sein, im spanischen Bergland eine neue Stadt zu gründen, die sie jedoch nicht befestigen dürften.
Halb nackt und blutüberströmt kehrten die Unterhändler zurück. Sie waren in Zakantha öffentlich ausgepeitscht worden.
In der übernächsten Nacht fielen drei Fackeln von der Stadtmauer. Hannibal befahl den Sturm.
Im Spätherbst des Jahres 534 nach der Gründung Roms

(Anfang November des Jahres 219 v. Chr. nach unserer Zeitrechnung) fiel Zakantha durch Verrat. Im Morgengrauen drangen Hannibals Söldner in die Stadt ein.

Aus sicherer Entfernung verfolgte Chero, was geschah. Acht Krieger beschützten ihn für Hannibal.

Zum ersten Mal erlebte der Sohn des Melech den Untergang einer Stadt. Er hörte Geschrei und Waffengeklirr. Er sah Rauch aufsteigen und Flammen dazwischenzüngeln, die zu lodernden Bränden wuchsen. Er sah Männer auf den Mauern kämpfen, sich aufbäumen und fallen; er hörte die Todesschreie der Pferde.

Er biss die Zähne zusammen. Wenn ihn seine Bewacher nicht zurückgehalten hätten, wäre er losgerannt. Frauen waren auf der Stadtmauer erschienen, einige hielten Kinder in den Armen. Hinter ihnen tauchten karthagische Söldner auf und die Frauen sprangen in den Tod.

Chero spürte ein Würgen im Hals. So hatte er sich den Krieg nicht vorgestellt. In den Geschichten von Tapferkeit und Heldentum, die er so begeistert gehört hatte, war keine Rede von Frauen und Kindern gewesen, die sich von Mauern stürzten.

Die ersten Verwundeten schleppten sich aus der brennenden Stadt. Chero sah Verletzungen, die ihn schaudern ließen. Einem karthagischen Söldner hatte ein Schwerthieb den Unterleib . . .

»Nein!«, stöhnte Chero und sah weg.

»Und so einer ist der Sohn des Melech«, spottete einer der Beschützer.

Chero erschrak. Er überlegte, ob sein Vater auch so Schreckliches getan oder zugelassen hatte: Schwerthiebe, die schlimmer als der Tod waren, und Frauen und Kinder . . .
Auch das dachte er nicht zu Ende. Ihm wurde übel.
Jemand gab ihm zu trinken.
Einen Augenblick lang glaubte er Yahann zu sehen – doch das war ja wohl Unsinn. – Dann tranken seine Bewacher und kippten hintenüber – und von irgendwoher tauchte Fürst Hormes auf – oder war es ein Spuk? – Dann fragte jemand: »Willst du bei Hannibal bleiben oder weg von ihm?«
»Weg«, murmelte Chero und sah und hörte nichts mehr . . . Er erwachte in Yahanns Kneipe. Nefer stand bei ihm. »Wir halten unser Versprechen«, sagte sie. »Wenn du willst, bringen wir dich von Hannibal fort. Ein Schiff liegt vor Anker.«
»Wohin – segelt es?«, fragte Chero mühsam.
Nefer strich ihm über den Kopf. »In dein drittes Leben, das dir allein gehört.«
»Und – Hannibal?«, murmelte Chero.
»Die Götter haben ihm ruhmreiche Siege bestimmt«, sagte Nefer, »doch am Ende steht der Tod von eigener Hand. Das Opfer deines dritten Lebens wäre sinnlos. Leb es für dich. Das Schiff liegt im Hafen.«
Dann glaubte Chero zu träumen. Ihm war, als verwandelte sich Nefer in die wunderschöne Dame, die ihm das Zeichen der Göttin Tanit geschenkt hatte. Er

rieb sich die Augen, blinzelte ins Licht – und war allein.

»Ich will auf das Schiff«, sagte er entschlossen.

Da stand Yahann bei ihm und wunderte sich. »Das mit dem Schiff«, murmelte der Kelte, »das hat dir Belenus eingegeben. Wer sonst sollte es dir gesagt haben?«

»Nefer«, antwortete Chero.

»Du hast geträumt«, meinte Yahann.

»Wie bin ich zu dir gekommen?«, fragte Chero.

Yahann lachte. »Meine Freunde und ich holten dich weg, als Zakantha fiel. Deine Bewacher vertrugen den Wein nicht, den wir mit Schlafkräutern vermischt hatten. Du hast ihn auch nicht vertragen.«

»Danke«, sagte Chero. »Wann bringst du mich auf das Schiff?«

»Morgen vor Sonnenaufgang«, versprach Yahann. »Jetzt möchte dich Nefer begrüßen.«

»Nefer?«, murmelte Chero verwirrt. »Dann war es nicht sie – sondern die Hexe?«

»Der Schlaftrunk war stark«, sagte Yahann. »Du hast geträumt.«

Zakantha lag in Trümmern, die Überlebenden wurden versklavt. Fürst Hormes kaufte die gefangenen Männer und übergab Hannibal die Hälfte ihres Wertes als Geschenk. Der Oberfeldherr schickte seinen Anteil nach Karthago, um den Rat der Hundert für weitere Pläne günstig zu stimmen.

Die Zahlung traf einen Tag vor den Gesandten, die Rom schickte, in Karthago ein. Die Römer forderten die Auslieferung des Friedensbrechers Hannibal an Rom, damit er dort bestraft werde.

Hannibals Gegner, vor allem der durch ein Wunder Baal Hammons genesene Hiran, sprachen für die Auslieferung, um – wie sie sagten – einen zweiten Krieg gegen die mächtigen Römer zu vermeiden. Hannibals Freunde redeten dagegen. Karthago, riefen sie beschwörend, sei wieder stark geworden und habe es nicht nötig, sich vor Rom zu demütigen. Außerdem habe Hannibal eine Menge Geld geschickt. Auf den Straßen und in den Gassen rottete sich das Volk zusammen und demonstrierte für den Oberfeldherrn.

Die Partei der Barkiden gewann im Rate der Hundert. Die römischen Boten wurden abgewiesen. Sie drohten mit Krieg und verließen Karthago in höchster Eile . . .

Mit verdoppelten Anstrengungen drängten die römischen Legionen auf das Ende der Kämpfe in Illyrien, um gegen die Karthager ziehen zu können.

Hannibal nützte die Gunst der Stunde. Er holte zum entscheidenden Schlag gegen die Römer aus.

Ohne Chero – der war verschwunden.

Aigina

Chero war frei, Neu-Karthago weit entfernt. Nur vom Hörensagen wusste er, dass Hannibal ein gewaltiges Heer zusammenzog und weitere Kriegselefanten aus Afrika bringen ließ.

Chero saß am Strand der griechischen Insel Aigina, knapp zwanzig Meilen südwestlich der Weltstadt Athen.

Unwirklich schien ihm alles; genauso unwirklich, wie es begonnen hatte – damals, in Yahanns Kneipe. Immer wieder erinnerte er sich daran.

»Nefer hat eine ganz besondere Mahlzeit für dich zubereitet«, hatte Yahann damals gesagt. Dabei war nicht die Mahlzeit das Besondere gewesen, sondern das »Drumherum«.

Chero schloss die Augen. Was vor Monaten geschehen war, wurde in der Erinnerung zur Gegenwart:

Er sah sich im »Haifisch«, in dem kleinen Nebenraum, in den Yahann bevorzugte Gäste einlud oder wichtige Leute, die Geheimes besprachen.

Auf dem Tisch standen fünf Essnäpfe voll dampfender Fischsuppe, fünf Trinkbecher, eine Kanne voll Wein und eine mit Fruchtsaft. »Wieso für fünf Leute?«, erkundigte sich Chero misstrauisch. Sollte er von Hannibals Aufpassern wieder einmal abgeholt werden?

Yahann klatschte in die Hände. Das »Drumherum« kam

herein. Chero starrte aus großen Augen und mit offenem Mund.

»Bist du stumm geworden?«, fragte Yahann belustigt und Nefer kicherte wie ein Mädchen, das sich über einen gelungenen Streich freut.

»So-Sosylos?«, stotterte Chero. »Und, und . . .«

»Hilike«, sagte Nefer. »Sie ist mit ihrer Mutter zum Einkaufen nach Neu-Karthago gekommen. Ich traf sie zufällig und erzählte ihr, dass du im ›Haifisch‹ bist. Jetzt will sie dich begrüßen. Erkennst du sie nicht wieder?«

»Do-doch«, stammelte Chero und ärgerte sich über seine Verlegenheit. Warum sah Hilike ihn auch so an – so mitten ins Gesicht! Und sie war kein Mädchen mehr und wirkte älter als dreizehn. Und das Gesicht hatte sie bestimmt nicht von ihrem Vater, diesem keltischen Büffel. – Nun ja, ihre Mutter war Afrikanerin.

»Jetzt bist du weit weg«, sagte Hilike.

Sie hat eine gute Stimme, fand Chero.

»Ich freu mich dich wiederzusehen«, sagte sie herzlich. »Und wenn die Suppe so schmeckt, wie sie duftet, wird's ein Festessen.« Sie reckte sich auf den Fußspitzen und küsste Chero auf die Stirn.

Er schnappte nach Luft.

»Wir sollten die Suppe nicht kalt werden lassen«, warf Sosylos ein. »Kalte Fischsuppe schmeckt nur halb so gut.«

»Ich grüße dich«, murmelte Chero, ließ sich von Sosylos

umarmen und schielte dabei auf Hilike. Sie nickte ihm zu.

Sosylos wünschte Guten Appetit. Chero saß zwischen ihm und Hilike. »Ist sie nicht bildhübsch geworden?«, flüsterte ihm der Grieche ins Ohr. Er flüsterte es zuerst auf Karthagisch, dann griechisch, dann in Latein, auf Keltisch und zum Schluss auch noch in der Sprache der Hebräer.

»Bääh«, flüsterte Chero und beugte sich über die Suppe. Was die anderen redeten, hörte er so nebenbei, als ob es ihn nichts anginge. Nur halb und halb begriff er, dass ihm Sosylos zur Flucht mitverholfen hatte.

Dann unterhielten sie sich über eine griechische Insel, den Bettlerkönig von Karthago, über Gold und Silber und ein Seeräuberschiff.

Dann schrak Chero auf. Sosylos hatte ihm einen Rippenstoß versetzt und tadelte ihn so leise, dass es die anderen nicht hörten: »Selbst wenn du dich ganz plötzlich in ein hübsches Mädchen vergafft hast, darfst du zu anderen nicht unhöflich sein. Nefer hat dich etwas gefragt.«

»Verzeih«, murmelte Chero. »Was will sie denn wissen?«

Nefer sagte es ihm zum zweiten Mal: »Noch kannst du es dir überlegen. Wenn wir dich zu Hannibal zurückbringen, wird er dir verzeihen, weil du sein Talisman bist.«

»Ich will auf das Schiff«, sagte Chero entschlossen.

»Du könntest dich auch in der Burg meines Vaters

verbergen«, flüsterte Hilike ihm zu. »Wenn ich meinen Vater darum bitte, wird er dich nicht verraten.«

Chero schüttelte den Kopf. »Freiwillig sperr ich mich nicht mehr ein, aber ich danke dir, Hilike.«

»Meine Mutter erwartet mich«, sagte das Mädchen hastig. »Ich werde dich besuchen, Chero – ganz bestimmt.« Auf die Stirn küsste sie ihn nicht mehr. Sie nickte ihm nur zu, dann ging sie.

Auch Sosylos hatte es plötzlich eilig. »Du wirst mir dankbar sein, dass ich dich Griechisch gelehrt habe«, sagte er zu Chero. »Du wirst unter Griechen leben, von denen kaum einer Karthagisch versteht. Behalt Hannibal in guter Erinnerung, auch wenn er dich um zwei Leben betrogen hat. Das Schicksal der Menschen bestimmen die Götter. Mancher trotzt ihrem Willen, doch nur wenigen Irdischen gelingt es, die Himmlischen umzustimmen.« Er lächelte. »Für eine kleine Entschädigung habe ich gesorgt. Ich habe zwei pralle Beutel in den ›Haifisch‹ geschmuggelt, den größeren voller Silberstücke, den kleineren mit Gold gefüllt. Hannibal weiß nichts davon und wird es nie merken. In Zakantha ist ihm so viel Beute zugefallen, dass ihm der Überblick schwer fällt. Morgen werden die Beutel auf dein Schiff gebracht.«

Chero bedankte sich gerührt.

Der Grieche winkte ab. »*Ich* danke – und zwar den Göttern, dass du kein Krieger wirst. Waffenruhm wird mit Blut erkauft. Blut riecht übel und tausende fluchen den Siegern. Ich sehe kein Heldentum im Töten von Men-

schen und im Niederbrennen von Städten und Dörfern. Ich habe verwundete Krieger gesehen und gehört. Viele starben lange und unter Qualen. Ich habe erlebt, wie Kriegsverletzte in der Heimat als Helden empfangen wurden. Ich hörte und sah, wie Jubel und Bewunderung schon nach kurzer Zeit verebbten, die blinden, einarmigen und einbeinigen Helden den Gesunden lästig wurden und als unbequeme Zeitgenossen galten, die man auch noch unterstützen sollte.« Er legte dem Jungen die Hand auf die Schulter. »Du, Chero, *rette* Menschenleben. Dann wird dein Ruhm den des Hannibal überdauern. Und wenn es dir bei den Griechen gut geht, denk manchmal auch an mich. Leb wohl.«
Sosylos ging rasch und ohne sich umzusehen.

Am nächsten Morgen, kurz vor Sonnenaufgang, ging Chero an Bord des Seglers, der wie ein griechisches Handelsschiff aussah. Mit Sonnenaufgang glitt er aus dem Hafen. Die Ruder wurden eingezogen, die Segel gesetzt.
Am Kai standen Nefer und Yahann. Chero winkte ihnen zu, bis er sie aus den Augen verlor.
Der Wind wehte günstig; rasch gewann der Segler an Fahrt. Es ging nach Osten.
Zwei Seeleute brachten Chero in eine winzige Koje unter Deck. Durch ein kleines Fenster fiel mattes Licht herein. Chero sah sich um. Neben einem Strohlager stand eine Kiste mit Luftlöchern, an der Bordwand hingen ein Langschwert, ein Kurzschwert und ein Enterhaken.

Chero fand die Koje sehr ungemütlich für ein Handelsschiff.

Sieht nach Piraten aus, dachte er, öffnete die Tür und rief nach dem Kapitän.

»Schon da«, sagte eine Stimme, die Chero bekannt vorkam. Eine mächtige Gestalt wuchs vor ihm auf, schob ihn in die Kajüte zurück und stieß die Tür hinter sich zu.

»Schwarzmann!«, rief Chero.

Er war es und lachte dröhnend. »Willkommen an Bord, Sohn von Melech!«, trompetete er. »Bei Schwarzmann bist du sicher. Schwarzmann bringt dich nach Aigina, dort sind Freunde.«

»Bist du der Kapitän?«, fragte Chero.

»Ich bin Kapitän«, bestätigte der Schwarze stolz.

Chero wies auf die Kiste. »Nimm Platz und erzähle.« Er selbst setzte sich auf das Strohlager.

Der Schwarze wehrte mit beiden Händen ab. »Schwarzmann sitzt nicht gern auf Schlangen.«

»Wieso Schlangen?«, fragte Chero.

Schwarzmann setzte sich neben ihn und berichtete in einem schauderhaften Gemisch aus den verschiedensten Sprachen. Manches erriet Chero mehr, als dass er es verstand. Und das war geschehen:

Dem Sklaven Schwarzmann war die Flucht aus der Burg des Fürsten Hormes gelungen. Ein glücklicher Zufall – oder war es die Hilfe der Götter gewesen? – hatte ihn auf ein Piratenschiff geführt, das ein Freund aus Schwarzmanns Seefahrerzeit als Kapitän befehligte. Das Schiff gehörte dem Bettlerkönig von Karthago, doch das wussten nur Eingeweihte. Und es war weiteres Glück, dass der Bettlerkönig einen neuen Kapitän für eines seiner anderen Piratenschiffe suchte. Der alte war an Land gegangen und hatte geheiratet. Dann war er nicht mehr auf das Schiff zurückgekehrt, weil seine Frau es so wollte. Jetzt züchtete er Hunde und Maultiere.

Der Bettlerkönig prüfte Schwarzmann strengstens, dann übertrug er ihm das Kommando über den Segler, der als griechisches Handelsschiff getarnt, in Wirklichkeit jedoch eines der schnellsten Seeräuberschiffe war. Es gab keine Sklaven auf den Ruderbänken. Wenn gerudert werden musste, legten sich die Piraten selbst in die Riemen. Und alle erhielten denselben Anteil an der Beute.

Dass Chero jetzt bei Schwarzmann war, verdankte er Yahann, dem Freund und Geschäftspartner des Bettlerkönigs. Yahann hatte diesen um Hilfe für Chero gebeten und der Bettlerkönig hatte sie zugesagt. Er war zwar auch ein Freund der Barkidensippe, zu der Hannibal gehörte; doch Cheros Schicksal und Yahanns Bitte rührten ihn. »Drei Leben lang für einen anderen gefangen sein ist unmenschlich«, meinte der Bettlerkönig, »selbst wenn dieser andere Hannibal heißt.« Seine Vertrauten stimmten ihm zu.

Doch wohin sollte Chero gebracht werden? Es musste ein Ort sein, an dem er vor Verfolgern sicher war. Dass Hannibal alles daransetzen würde, seinen lebenden Talisman zurückzubekommen, war so sicher wie das Amen im Gebet der Hebräer.

Hier half Sosylos. Er hatte sich an seinen Freund Demetrios erinnert, der ein berühmter Arzt in Athen gewesen war. Seit einigen Jahren gestattete ihm ein Augenleiden nicht mehr, schwierige Behandlungen durchzuführen. Er hatte sich auf die Insel Aigina südwestlich von Athen zurückgezogen, bewohnte ein Haus in Strandnähe und half Leuten, die mit kleineren Gebrechen zu ihm kamen. Viel verdiente er nicht mehr. Die meisten Patienten bezahlten in Naturalien: mit Feigen, Oliven und Zwiebeln, mit Fladenbrot und – wenn es ein guter Tag war – mit einem Huhn, einer Taube oder einem Zicklein. Gold gab es nie, Silber kaum, Kupfer hin und wieder. Zum Glück konnte Demetrios auf Erspartes zurückgreifen; wie lange noch, stand bei den Göttern.

Da halfen sie auch schon; denn nur sie konnten dem alten Freund Sosylos geraten haben einen Mieter zu schicken, der mit Silber und Gold bezahlte.

Demetrios brachte sämtlichen Göttern ein Dankopfer dar. Er verbrannte auf einem Stein einhundertdreiundzwanzig Gerstenkörner; eines für jeden Gott, den es nach der Lehre der Priester gab...

Sosylos sah sich als doppelten Wohltäter. Demetrios brauchte Geld – Chero besaß es. Demetrios war ein guter Arzt, der sein Wissen weitergeben konnte; Wissen, das Leben rettete, statt den Tod zu bringen. Dafür, dachte Sosylos, sollte sich Chero begeistern. Vor dem Elend, das nach Zakanthas Eroberung über die Besiegten hereingebrochen war, hatte der Junge geschaudert. Das war Sosylos nicht entgangen ...

Einen Tag, bevor Schwarzmanns Segler in Aigina anlegte, hatte Demetrios die Botschaft des Sosylos erhalten. Ein noch schnelleres Schiff war Schwarzmann zuvorgekommen und der Schwarze hatte die Reise nach Aigina bewusst verzögert.

So war es Demetrios möglich gewesen, sein Haus und sich selbst etwas aufzuputzen, um den Mieter nicht zu enttäuschen.

Chero war reich. In der durchlöcherten Kiste lagen vier mit Gold- und Silberstücken gefüllte Lederbeutel versteckt. Zwei hatte der ehrenwerte Sosylos dem Oberfeldherrn Hannibal wegstibitzt, die anderen waren aus Karthago gekommen. Nach einer Unterredung des Bettlerkönigs mit Cheros Mutter und deren zweitem Gatten hatten auch sie Gold und Silber für Chero gegeben. Sobald er es wünschte, wollten sie ihn besuchen.

Sie hätten ihn sehr lieb, ließen sie ihm sagen, und dankten den Göttern, dass er kein Kriegsmann werde. Ein Verwandter aus der Familie des Stiefvaters war Offizier unter Hamilkar Barkas gewesen und lebte jetzt als halber Mensch auf seinem Landgut. Im Krieg hatte er ein Bein und das Augenlicht verloren. Griechische Ärzte erhielten ihn am Leben, er dankte es ihnen nicht.

Das alles erfuhr Chero von Schwarzmann.

»Und die Schlangen?«, fragte er.

Schwarzmann grinste. »Bewachen dein Gold und Silber.« Er öffnete den Deckel der Kiste. Chero zuckte zurück. Unter einem feinmaschigen Gitter aus Kupferdraht räkelten sich drei der giftigsten Reptilien.

»Die Kiste hat doppelten Boden«, erklärte Schwarzmann gemütlich. »Unter dem ersten Boden liegen Silber- und Goldbeutel. Könnte sein, dass Neugierige oder Diebe sich interessieren für den Inhalt von Kiste. Da hinein aber greifen nicht einmal Mutige.«

Er legte eine Hand auf das Gitter. Die Schlangen zischten und stießen zu. »Siehst du«, sagte Schwarzmann, »dafür sind sie gut.«

Chero klappte den Deckel zu. »Ich mag keine Schlangen«, murmelte er voller Unbehagen.

Der Kapitän leckte sich die Lippen. »Schwarzmann mag«, schwärmte er, »wenn gekocht und gebraten«

Die Götter zeigten sich gnädig. Unbehindert erreichte der Segler die Insel Aigina.

Fruchtbares Uferland stieg zu spärlich bewaldeten Hügeln an. Von der Höhe einer Kuppe grüßte ein Tempel herunter.

Chero wurde erwartet. Demetrios, der beinahe wie Sosylos aussah, hieß den Sohn des Melech willkommen. Er blinzelte den Jungen aus müden Augen an und betastete seine Wangen, als wollte er spüren, was er nur verschwommen sah. Chero fühlte sich zu ihm hingezogen, obwohl sie mehr als vierzig Lebensjahre trennten und der Grieche müde Augen hatte.

Die beiden Sklaven hinter Demetrios verbeugten sich ungeschickt. Aufatmend setzte der Pirat, der die Schlangenkiste von Bord getragen hatte, das gefährliche Ding ab und entfernte sich hastig.

»Die Götter mögen deine Ankunft segnen, junger Freund«, sagte Demetrios.

Chero verneigte sich tief.

Monate waren seither vergangen.

Chero war frei.

Er hätte sich wohl fühlen müssen und – wenn auch nur heimlich – nicht weinen dürfen; noch dazu, wo er sechzehn Jahre alt und ein Mann war. Widerwillig gestand er sich ein, dass er Heimweh hatte. Er sehnte sich nach Yahann und Nefer, nach Schwarzmann und – ja, auch nach der Mutter. Manchmal sah er Hilike im Traum und am Morgen fühlte er sich elend.

Demetrios machte sich Sorgen; und eines Tages sagte er zu Chero: »Du solltest dich nicht länger quälen. Tu etwas Nützliches, das dir und anderen hilft. Wenn du dann abends müde bist, werden dich die Schatten der Vergangenheit in Ruhe lassen.«

Chero dachte darüber nach. Einige Tage später bat er Demetrios ihm helfen zu dürfen. Nur zu gern war der Alte einverstanden.

So wurde Chero, der Sohn eines Kriegers, der Leben

vernichtet hatte, Schüler eines Mannes, der Leben erhielt.
Demetrios lobte ihn bald. »Du wirst für mich sehen, wo meine Augen zu schwach sind«, sagte er, »und mit deinen Händen heilen, wo meine Hände zittern würden. In zwei, drei Jahren werde ich dich nach Athen schicken. Dort sollst du lernen, was ich dich nicht lehren kann.«

Das alles ging Chero durch den Kopf, als er jetzt am Strand saß und vor sich hin döste. Er hatte Heilkräuter gesammelt und war müde geworden. Die steinigen Hügel von Aigina und die holperigen Pfade gingen in die Knochen.
Ein Sklave schreckte ihn auf. Der junge Herr möge sofort nach Hause kommen, meldete er atemlos. Da sei Besuch für den jungen Herrn.
»Wer?«, fragte Chero.
»Eine Dame«, antwortete der Sklave. Den Namen wusste er nicht.
Chero folgte ihm zum Haus des Demetrios. Kranke und Verletzte saßen im Garten und drängten sich vor der Tür. Chero lieferte dem Alten die Heilkräuter ab und erkundigte sich nach der Frau.
»Sie erwartet dich vor dem Tempel«, sagte Demetrios. Wer sie war, wusste auch er nicht.
Chero stieg den Hügel hinauf.
Die Frau stand am Tempel. Sie trug das Gewand einer vornehmen Griechin.

Chero verneigte sich und fragte nach ihrem Befehl.

»Ich befehle dir nichts, Sohn des Melech«, sagte sie. »Ich bringe dir Grüße von Menschen, die dich lieben.«

»Von Hilike?«, fragte Chero.

»Auch von ihr«, sagte die Dame.

»Entschuldige«, murmelte er verlegen. »Ich wollte mich nicht nach ihr erkundigen.«

Die Dame widersprach ihm. »Doch, das wolltest du. Hilike ist ein lieber Mensch. Vor einem Monat wollte sie ihr Vater dem Sohn eines iberischen Fürsten versprechen. Sie wälzte sich in Schreikrämpfen, bis Hormes die Verlobung aufgab.«

Chero strahlte.

Die Dame sprach weiter: »Ich grüße dich von Nefer und Yahann, von deiner Mutter, ihrem Gatten und von Sosylos. Sie freuen sich, dass du dich dem Leben zu dienen entschlossen hast und nicht dem Krieg, der Tod und Verderben bringt. Du wirst Hannibal überleben und ein besseres Andenken hinterlassen als er. Leb wohl, Sohn des Melech, und diene dem Frieden.«

Eine Windbö wirbelte Staub heran. Chero fuhr sich mit der Hand über die Augen, blinzelte – und schüttelte den Kopf.

Die Dame war verschwunden.

Er suchte sie im Tempel, in der Umgebung des Heiligtums und fand sie nicht. Da lief er zum Hafen. Dort hatte ein Schiff abgelegt. Am Heck stand die Dame.

Chero wollte ihr zuwinken – und tat es nicht. Das Gesicht der Dame leuchtete plötzlich in kupfernem Rot.

Wieder rieb sich Chero die Augen – und wieder war alles vorbei. Die Dame stand nicht mehr an Deck des Seglers, der auf Südkurs ging.

»Danke, Hexe!«, rief Chero dem Segler nach. »Und sag Hilike – nein, sag ihr nichts!« Er lief zu Demetrios, um ihm zu helfen.

Das dritte Leben

Am selben Tag, an dem Chero einen Holzsplitter aus dem Knie eines Hirtenjungen ziehen durfte, zog Hannibal in einen Kampf, der das Römische Reich erschütterte. Da der karthagische Senat die Auslieferung seines Oberfeldherrn abgelehnt hatte und Hannibal ein gewaltiges Heer bei Neu-Karthago zusammenzog, erklärten die Römer den Krieg – obwohl sie den Kampf um Illyrien noch nicht zu Ende gebracht hatten. Sie hoben neue Legionen aus und stellten sie zu zwei Heeresgruppen zusammen. Die eine sollte in Spanien eindringen, die andere nach Afrika übersetzen und die Hauptstadt Karthago erstürmen.

Römische Kriegsschiffe beherrschten das Mittelmeer. Die karthagische Flotte, die nach dem Ersten Punischen Krieg zerschlagen worden war, verfügte über zu wenig neue Galeeren, die sich den Römern entgegenwerfen konnten.

Hannibal entschied sich für einen »genialen Wahnsinn«, wie Sosylos behauptete.

Durch bezahlte Agenten hetzte er keltische Stämme, die in Norditalien siedelten, gegen die Römer auf. So musste Konsul Scipio, der von Norden her in Spanien einfallen sollte, seine Legionen zur Niederwerfung der keltischen Aufstände einsetzen. Genau das wollte Hannibal.

Er übertrug den Schutz der spanischen Küste seinem

Bruder Hasdrubal und legte starke Verteidigungstruppen nach Karthago. Er selbst überschritt mit achtunddreißigtausend Fußsoldaten, achttausend Reitern und vierunddreißig Kriegselefanten den Ebro, dann den Rhodanus (die Rhone) und zog – welch ein Wahnsinn! – mit dieser gewaltigen Streitmacht in die Berge, in denen Schnee und Eis nicht einmal der Sommersonne wichen! Menschen und Tiere leisteten Unvorstellbares – und der Wahnsinn gelang. Hannibals Armee überquerte die Alpen!

Angriffe feindlicher Keltenstämme forderten Opfer; die unwirtliche Bergwelt, Eis und Schnee dezimierten das Heer noch weiter.

Hannibal riss die erschöpften Krieger immer wieder mit. Er kämpfte, hungerte und fror wie sie.

Im Frühjahr war das Heer aus Spanien aufgebrochen, im Herbst erreichte es die norditalienische Ebene. Fast die Hälfte war auf der Strecke geblieben. Überlebt hatten die Elefanten, die zum ersten Mal über Schnee und Eis gestapft waren.

Die Dämonen der Berge waren überwunden – jetzt kamen die Römer.

Das alles erfuhr Chero verspätet durch Briefe von Sosylos und aus Berichten, die Seeleute und Reisende nach Aigina brachten.

Hannibal war berühmt geworden; von Tag zu Tag errang er neuen Ruhm.

Chero empfand weder Kummer noch Neid. Vor vier Tagen hatte ihm Demetrios erlaubt ein Geschwür aufzuschneiden und die Wunde auszubrennen. Alles war gut gegangen. Chero war stolz darauf, als ob er einen Sieg errungen hätte ...
In Italien siegte Hannibal. Im Spätherbst schlug er das römische Heer des Scipio an der Trebia, einem Nebenfluss des Padus. Zwanzigtausend Legionäre fielen. Nur ein plötzlich ausbrechender Schneesturm rettete die Römer vor der Vernichtung ...
Das karthagische Heer überwinterte auf italischem Boden; und die Römer waren zu schwach, um es anzugreifen. In aller Eile stellten sie neue Legionen zusammen und riefen sogar verurteilte Übeltäter und Sklaven zu den Waffen. Für den Sieg über Hannibal versprach der römische Senat Straferlass und Freiheit.

Auf Aigina war der Winter mild. Statt Schnee brachte er Regen. Demetrios und Chero hatten alle Hände voll zu tun. Da war das Fieber zu behandeln, das aus der Nässe kroch. Da waren Bisse von angeschwemmten Sumpfnattern zu verarzten und Kinderkrankheiten, die aus stickiger Luft und fauligem Morast kamen.
Chero blies einem Kind, das zu ersticken drohte, den eigenen Atem ein. Das Kind röchelte nicht weiter. Es lächelte und starb ruhig.
Chero war verzweifelt. Demetrios tröstete ihn. »Einem Menschen die Todesangst nehmen zu dürfen ist Gnade

der Götter. Das Kind hat dir zugelächelt. – Ob es dir auch zugelächelt hätte, wenn du ein Kriegsmann wärst und ihm das Schwert . . .«

»Hör auf!«, stöhnte Chero.

»Du bist kein Krieger«, sagte Demetrios. »Den Göttern sei Dank.«

Das neue Jahr (217 v. Chr. nach unserer Zeitrechnung) brachte weitere Triumphe für Hannibal. Im Frühling, nachdem er sein Heer unter Verlusten durch die Arnosümpfe geführt hatte, schlug er die römischen Legionen am Trasimenischen See.

Nach Aigina kam die Siegesbotschaft mit einer Nachricht zusammen, die Chero erschütterte. Hannibal hatte das Licht eines Auges verloren.

Die Ärzte konnten nicht helfen. Sie erklärten, dass sich die Sumpfdämonen an Hannibal gerächt hätten, weil er sie in ihrer Ruhe gestört hatte.

Monate später berichteten reisende Händler, dass Hannibals Heer aus dem italienischen Norden südostwärts gezogen sei, zahlreiche Siedlungen verwüstet habe und in Apulien, weit unten im Süden, bei der Stadt Luceria lagere. Die Armee sei zusammengeschrumpft, doch mehrere italische Stämme, die von den Römern unterdrückt worden waren, hätten sich den Karthagern angeschlossen.

Rom zittere vor Hannibal; doch er wage nicht die stark befestigte Hauptstadt anzugreifen. Stattdessen verwüste er das Land, um Rom von der Versorgung mit Lebensmitteln abzuschneiden.

Der römische Senat, hieß es weiter, stelle in fieberhafter Eile neue Legionen zusammen und habe einen gewissen Quintus Fabius Maximus zum Oberkommandierenden ernannt. Er lasse sich jedoch nur auf kleine Überfälle ein und weiche der Schlacht aus. Wegen dieser Taktik werde er als »Zauderer« verspottet ...

Chero bedeuteten Nachrichten von den Kriegsschauplätzen immer weniger. Seine Arbeit nahm ihn voll in Anspruch. Je länger er sich um Menschen kümmerte, die Hilfe von ihm erwarteten, desto eifriger bemühte er sich sein Wissen und Können zu vervollkommnen.

Demetrios sah es mit Freude. Er war nicht mehr so gelenkig wie früher, doch sein Geist hatte nicht gelitten. Chero lernte viel von ihm.

»Der Lehrling des Demetrios« gewann auf Aigina an Ansehen. »Er packt nicht so hart zu wie der Alte«, lobten einige. »Er redet freundlich, wenn er weh tun muss«, erzählten andere, »dann tut's nur noch halb so weh.« Einige Frauen schwärmten von ihm, weil er ein so hübscher Junge sei, obwohl das mit seiner Heilkunst nichts zu tun hatte.

Hübsch war Chero bestimmt, sonst hätten ihn manche Mädchen von der Insel nicht so offen angehimmelt, und es waren sehr nette Mädchen darunter. Die netteste – sie war sechzehn – ließ sich von ihm die Stacheln eines Seeigels entfernen, auf den sie sich beim Baden gesetzt hatte. Dann war sie enttäuscht, dass der Angehimmelte nur über Seeigel redete.

Chero war achtzehn Jahre alt und freute sich über das Lob seiner Patienten. Er sah auch die Mädchen gern, doch wollte er keine zur Freundin. Er redete sich ein, dass ihn so eine Freundschaft von der Arbeit ablenken würde und dass seine Gedanken den Verletzten und Kranken gehörten, für die ihm Meister Demetrios sein Wissen und Können gab.

Manchmal träumte Chero von Hilike. Er wehrte sich dagegen, doch die Träume blieben. Sie kamen, wann sie wollten, und machten Hilike viel hübscher als das Mädchen mit den Seeigelstacheln ...

Das Jahr verrann. Es gab Alltägliches auf Aigina und nichts Weltbewegendes in Italien.

Die Entscheidung für Hannibal fiel im Sommer des nächsten Jahres. Da suchten die Römer die Schlacht. Sie griffen mit acht Legionen an – und erlebten bei dem Dorf Cannae die schlimmste Niederlage seit Menschengedenken. Ihre zahlenmäßige Überlegenheit unterlag der Kriegskunst des karthagischen Oberfeldherrn.

Hannibals numidische Reiter stießen in die flüchtenden römischen Truppen hinein und machten die Niederlage zur Katastrophe. Nur wenige Legionäre entkamen.

Mehr als fünfzigtausend Römer waren gefallen, tausende gefangen.

Ganz Süditalien, hieß es, habe sich Hannibal angeschlossen. Die Bürger der Stadt Capua hätten ihn jubelnd empfangen.

Demetrios schickte Chero für ein Jahr nach Athen. Dort sollte der junge Mann bei einem der berühmtesten griechischen Ärzte auch schwierige Behandlungsmethoden erlernen. Der Athener Meister war ein Freund des Demetrios und nahm dessen Schützling gern bei sich auf.

Chero lernte Wunden verarzten, die von Schwertschlägen, Knüppelhieben und Pfeilschüssen stammten. Kleinkriege und räuberische Überfälle gab es auf griechischem Boden ständig. An den Opfern vervollkommneten die Ärzte ihre Kunst und gaben ihre Erfahrungen den Schülern weiter. So hatten manche von ihnen auch auf Schlachtfeldern helfen können; zwar nur einigen Verwundeten, denn wie hätte eine Hand voll Heilkünstler tausenden beistehen sollen? – Doch immerhin: Die Geretteten dankten den Göttern und ihren irdischen Helfern...

Chero zeigte sich geschickt und verblüffte auch den berühmten Athener. Er lernte und arbeitete wie ein Besessener. »Der geborene Arzt«, urteilte sein neuer Meister schon nach wenigen Monaten.

Chero lernte die Säfte kennen, die im menschlichen Körper kreisen und Wohlbefinden oder Schmerzen verursachen. Er erfuhr von der Heilkraft des Wassers und wie man Schmerzen lindert, indem man Kranken die Hand auflegt und dabei mit leiser, murmelnder Stimme zu den Göttern betet.

Der Athener Meister ließ Chero in Geheimnisse blicken, von denen Demetrios nichts ahnte.

Bald redeten auch die Athener von Chero. Manche tuschelten, dass der junge Karthager seinen Meister in kurzer Zeit überflügeln werde. Zweiflern, die ihm dies seiner Jugend wegen nicht zutrauten, hielten die Überzeugten entgegen, dass der sagenhafte Herakles seine größten Heldentaten im gleichen Alter wie dieser Chero vollbracht hatte. »Und manch ein Arzt«, meinte einer, »ist noch mit fünfzig ein Stümper.«

Was in Italien geschah, berührte Chero kaum noch. Er nickte zerstreut, wenn ihm Patienten von Hannibals Heer erzählten, das weiterhin durch Süditalien zog. Es interessierte ihn ebenso wenig, dass der römische Senat immer mehr Sklaven, Räuber, Mörder und Diebe zum Kriegsdienst befahl, um die Karthager und deren Verbündete endlich zu schlagen.

Wichtig war ihm die Nachricht, dass auf Aigina eine Seuche ausgebrochen sei. Er bat den Athener Meister, ihn schon jetzt, einen halben Monat vor Ablauf der vereinbarten Lehrzeit, zu entlassen. »Lass mich Demetrios helfen«, bat er.

»Geh und hilf ihm«, sagte der Meister. »Die Götter mögen euch beistehen.«

Ein Küstensegler brachte Chero auf die Insel zurück.

Auch Demetrios war von der Seuche befallen. Dass es keine Hoffnung gab, sah Chero sofort. Auch der Alte wusste, dass seine Zeit vorbei war. Seine Augen waren klar geworden, seine Stimme klang fest, seine Hände zitterten nicht mehr.

Das, hatte der Athener Meister seine Schüler gelehrt, sei die Gnade, die die Götter des Todes jenen erweisen, die zu Lebzeiten gegen sie gekämpft hatten. Es sei die Großmut der Sieger den Unterlegenen gegenüber.
»Ich danke den Göttern, dass du gekommen bist«, sagte Demetrios. »Hör meine Bitte.«
Chero drückte die Hand des Sterbenden.
»Bleib auf Aigina«, bat Demetrios. »Da geht es nicht fein zu und die Leute bezahlen dich kläglich, weil sie arme Teufel sind, aber . . .«
Chero unterbrach ihn: »Ich bleibe.«
»Dann hab ich mich in dir nicht getäuscht«, sagte Demetrios. Aus den Augen, die so lange trüb gewesen waren, blitzte der Schalk. »Dein Reichtum ist zusammengeschmolzen«, flüsterte der Alte, »doch ich habe einiges gespart, von dem andere nichts wissen. Ich hab es da angelegt, wo es niemand vermutet.« Er zog Chero zu sich nieder und flüsterte ihm noch leiser ins Ohr: »Hinter dem Tempel, vor dem du mit der fremden Dame gesprochen hast – unter dem Olivenbaum, in den der Blitz gefahren ist. Grab zwischen den zwei starken Wurzeln, die aus dem Boden herausragen. In der Kiste sind . . .«
Demetrios atmete schwer, stöhnte, versuchte sich aufzurichten, sank zurück und lag still.
Chero drückte ihm die Augen zu. »Sorg dich nicht drüben«, sagte er leise. »Ich bleib auf Aigina.«

Kurze Zeit nach Cheros Rückkehr erlosch die Seuche. »Es ist ein Wunder«, sagten die Leute. »Mit dem Blick seiner Augen hat er die Krankheit gebannt. Die Götter sind mit ihm.«

Einige behaupteten, dass Demetrios mit seinem Tod die Seuche von der Insel genommen hätte.

Chero dankte den Göttern mit einem Opfer im Tempel. Er schlachtete kein Tier, er legte Blüten und Früchte auf den Altar.

Obwohl er sich dagegen wehrte, verehrten ihn immer mehr Leute als Wunderheiler. Der alte Priester, der den Tempel betreute, sprach nicht dagegen.

Cheros Ruhm flog über Aigina hinaus. Dass der Wundermann, der die Seuche von der Insel genommen hatte, erst zwanzig Jahre zählte, machte das Wunder umso größer.

Den Schatz des Demetrios brauchte Chero nicht auszugraben. Reiche (wirklich und eingebildet) Kranke, die sich die Reise leisten konnten, kamen von weit her, um sich von dem Wunderarzt behandeln zu lassen. Sie bezahlten gut.

Chero blieb nüchtern. Er half, wo er konnte, und riet jenen, an denen seine Kunst versagte, sich an Ärzte in Athen zu wenden und zu den Göttern zu beten.

Am liebsten half er »seinen Inselleuten«, auch wenn sie ihn nur mit Früchten bezahlten, mit einem Taubenpaar oder – wenn es gut ging – mit einem Zicklein. Sie verehrten ihn wie einen Vater. Das sagte eine Frau, die er mit einem Kräutertrank von quälender Schlaflosigkeit befreit hatte. Sie war zweiundsiebzig Jahre alt.

Abends, oft auch erst spät in der Nacht, sank er todmüde auf sein Lager. Die Diener, die schon Demetrios versorgt hatten, waren bei ihm geblieben und kümmerten sich um ihn, als ob er ihr Enkel sei. Er dankte es ihnen mit Freundschaft.

Zur Betreuung der von Monat zu Monat zunehmenden Patientenflut lernte er geschickte Leute von der Insel an.

Sein Ruhm verbreitete sich immer weiter. Am lautesten verkündeten ihn die Reichen, die er mit Handauflegen und Gemurmel von eingebildeter Krankheit »befreit« hatte. An diesem Lob lag ihm nichts. Er sprach nicht dagegen, weil ihm das Geld der Eingebildeten arme Teufel retten half, die tatsächlich krank waren ...

Es ging ihm gut. Er kannte keine Geldsorgen, tat seine Arbeit gern, war berühmt, hatte Freunde und erlebte Dankbarkeit.

Auch versauern musste er nicht. Es gab einige gebildete Familien auf Aigina, mit denen er sich nicht nur über Alltägliches unterhielt. Gelehrte Männer, die zu Schiff gekommen waren, nahmen gern in seinem Haus Quartier. Und einen Monat in jedem Jahr wollte er in Athen verbringen, um sich bei hervorragenden Ärzten weiterzubilden; das hatte er sich vorgenommen.

Trotzdem fühlte er sich einsam. Er sehnte sich nach Menschen, die ihn mochten, auch wenn er nicht berühmt gewesen wäre.

Nach wem also? Immer häufiger grübelte er darüber nach.

Mutter? – Ihr Bild war verblasst, er konnte sie sich kaum mehr vorstellen.

Yahann und Nefer? – Er würde sie gern wiedersehen, doch dann mussten sie wohl bald wieder in ihren »Haifisch« zurück.

Es müsste jemand sein, der lange für ihn da wäre – das ganze dritte Leben lang.

Im Traum erschien ihm die Hexe, nahm die Maske ab und war – Hilike. Sie lächelte ihm zu und verschwand.

Einige Tage später traf ein Brief von Sosylos ein. Er war lang unterwegs gewesen.

Sosylos schrieb, dass Hannibal mit König Philippos V. von Makedonien ein Bündnis geschlossen habe. Da der Kampf der Römer gegen die Illyrer immer noch weitertobe und der fünfte Philippos Illyrien zu Makedonien schlagen wolle, bringe das Bündnis Vorteile für beide: Hannibal binde römische Legionen in Süditalien, sodass diese dem in Illyrien kämpfenden Römerheer nicht zu Hilfe kommen konnten. Die in Illyrien eingesetzten Legionen blieben dort gebunden und konnten Hannibal nicht in den Rücken fallen.

»Krieg«, murmelte Chero, »immer nur Krieg.« Er dachte an die Wunden, die er in Athen verarztet hatte.

Dann las er weiter und atmete auf.

»Hannibal«, schrieb Sosylos, »lässt dir sagen, dass du dich nicht länger vor ihm verbergen musst. Seitdem er auch ohne dich von Sieg zu Sieg marschiert, weiß er, dass er dich nicht als Talisman braucht. Das Orakel, meint er jetzt, müsse sich geirrt haben oder falsch gedeutet worden sein. Er wünscht dir ein gutes Leben und den Segen der Götter dazu. Und er lässt dir sagen, dass dein Vater tot ist. Ein gefangener Legionär gestand es. Der Gefangene ist Iberer, hatte seine spanische Heimat gegen die Karthager verteidigt und war dabei gewesen, als Hauptmann Melech fiel und mit anderen in ein Massengrab geworfen wurde. Das beschwor er bei sämtlichen Göttern.«

Chero starrte lange vor sich hin; dann las er die letzten Zeilen:

»Nun bist du frei – auch von Hannibal. Mögen die Götter dir gnädiger sein als ihm. Mir graut vor seinen Siegen. Ich denke an die Männer, die auf den Schlachtfeldern bleiben. Wie Helden sehen sie nicht aus. Leb wohl und mach's besser. Das wünscht dir dein alter Sosylos.«

»Danke«, flüsterte Chero. Dann bat er den Priester des Tempels, ein unblutiges Opfer für die Seelenruhe des Hauptmanns Melech zu bringen.

Zur selben Zeit kam Unheil über den »Haifisch«. Yahann, der Kumpel aller Seeleute, die in Neu-Karthago an Land gingen, brach zusammen, als er eine Kiste voll Salz von Bord eines Schiffes trug. Er unterdrückte das Stöhnen, versuchte sich aufzurichten und blieb liegen. Zwei Seeleute trugen ihn an Land, zwei andere schleppten die Salzkiste hinterher.

Nefer biss die Zähne zusammen und tat das Notwendige. Sie schickte nach einem Arzt, bezahlte das Salz und ließ die Kiste in den Keller tragen. Dann übergab sie den Schankbetrieb verlässlichen Bediensteten und kümmerte sich um Yahann.

Der Arzt untersuchte den Verunglückten und kam zu keinem Ergebnis. Da er auch Priester war, empfahl er Gebete und Opfer.

Nichts half, das Leiden verschlimmerte sich. Bald schmerzte Yahann die geringste Bewegung.

Nefer trug doppelte Last. Sie hielt den »Haifisch« in Schwung und versorgte den Kranken. Erst jetzt kam ihr zu Bewusstsein, wie sehr sie an ihm hing.

Sie wandte sich an andere Ärzte. Die kamen, untersuchten, redeten gelehrt, empfahlen Tränklein und Salben, Gebete und Opfer und steckten Geld ein.

Keiner half.

Yahann kostete es immer größere Mühe, den Schmerz nicht laut hinauszuschreien. Da fiel ihm Fürst Hormes ein, der sich von einem keltischen Zauberpriester behandeln ließ.

»Jag einen Boten zu ihm«, sagte Yahann zu Nefer. »Ich bin Kelte wie er. Er soll mir seinen Druiden schicken.«

Der Zauberpriester kam, befühlte den Kranken, strich

ihm über die Stirn, mischte einen Trank und empfahl Gebete zu Belenus, dem Herrn über Leben und Tod.
Die Krankheit trotzte dem Heiltrunk und den Gebeten. Yahann litt unerträglich. Verzweifelt bat Nefer noch einmal um die Hilfe des Druiden.
Der Bote traf weder den Fürsten noch die Fürstin an. Hormes war auf der Jagd und wollte vor morgen Abend nicht zurückkommen. Seine Gattin besuchte eine Freundin und wurde erst am späten Nachmittag zurückerwartet. Das sagte Hilike dem Boten, dann ließ sie sich berichten. Sie versprach mit den Eltern zu reden und Nefer baldige Hilfe.
Am Nachmittag sprach sie mit ihrer Mutter über Chero, dessen Ruhm bis nach Spanien geflogen war.
Die Fürstin zuckte die Achseln. »Vielleicht versteht er sich tatsächlich besser auf die Heilkunde als manche Zauberärzte«, meinte sie, »vielleicht ist nur Gerede, was über ihn gesprochen wird.« Sie nickte Hilike zu. »Ich weiß, was er dir bedeutet. Du hast ihn jedoch lang nicht mehr gesehen. Jetzt könnte er dich enttäuschen.«
»Lass mich mit ihm zusammentreffen«, bat Hilike, »dann werd ich es wissen.«
»Ich rede mit Vater«, versprach die Fürstin.
»Danke!«, rief Hilike. »Und sag Vater, dass ich über siebzehn und kein Kind mehr bin! Erinnere ihn daran, dass du gerade siebzehn warst, als er dich heiratete!«
Die Fürstin lächelte. »Als ich siebzehn war, benahm ich mich leiser als du.«
»Bääh«, flüsterte Hilike und lief hinaus . . .

Die Jagd war erfolgreich gewesen, Fürst Hormes in glänzender Laune. Frau und Tochter bettelten gemeinsam, da wurde er weich.

»Ich mag Yahann«, sagte er. »Sooft ich im ›Haifisch‹ einkehrte, bewirtete er mich vortrefflich. Wär schad um ihn, wenn er hinüberginge.« Er zupfte sich an der Nase. »Dieser Chero, behauptet ihr, sei heilkundig geworden?«

»Er kann mehr als zehn Druiden zusammen!«, rief Hilike.

»Der Rotzbengel, der in meiner Burg eingesperrt war?«, spöttelte Hormes. Es machte ihm Spaß, seine Tochter zu reizen.

Sie protestierte energisch: »Chero ist der berühmteste Arzt, den es gibt! Und er ist keine Rotznase, weil er einundzwanzig wird! Als du einundzwanzig warst, bist du noch lang nicht so berühmt gewesen wie Chero auf Aigina!«

»Aigina«, brummte der Fürst. »Verdammt weit weg, wie?«

»Überhaupt nicht«, schwindelte Hilike. »Mit dem Schiff ist es ein Katzensprung.«

»Und diese Rot... – verzeih mir – diesen Jüngling magst du?«, brummte Hormes.

»Bis jetzt ja«, gestand Hilike. »Wenn du erlaubst, möcht ich mit ihm reden. Dann sag ich dir, ob es beim Mögen bleibt.«

Der Fürst kratzte sich hinter dem Ohr.

»Deinen Druiden lassen wir hier«, bestimmte Hilike. »Der versteht nichts von Yahanns Krankheit. Wir reiten ohne ihn zu Nefer.«

Vater Hormes fügte sich und sie ritten zum »Haifisch«. Yahann liege manchmal wie tot, erzählte Nefer. Dann wieder bäume er sich auf und stöhne.

Sie erschrak. »Wo ist der Druide?«, fragte sie heiser.

»*Chero* wird helfen«, sagte Hilike. »Er kann mehr als ein Zauberpriester.«

»Chero!«, rief Nefer. »Warum dachte ich nicht an ihn?«

»Nach Aigina zu kommen wird nicht leicht sein«, warnte der Fürst. »Römische Galeeren greifen karthagische Segler an. Hannibal siegt in Italien, auf dem Wasser siegen die Römer.« Er wischte sich den Schweiß von der Stirn. »Und da möchte meine Tochter nach Aigina segeln«, schnaufte er bekümmert. »Eine Siebzehnjährige in einem Waschtrog, den die Römer verfolgen!«

»Um den Waschtrog kümmere ich mich«, versprach Nefer. »Römische Kriegsgaleeren werden ihn nicht angreifen.«

»Bürgst du für Hilikes Sicherheit?«, fragte Hormes.

Nefer nickte ihm zu: »Ich bürge im Namen eines Königs.«

Der Fürst war beeindruckt. Auf den Gedanken, dass Nefer den Bettlerkönig von Karthago meinte, kam er nicht. »Trotzdem werden Leibwächter Hilike begleiten«, bestimmte er.

Nefer war einverstanden . . .

Sechs Tage später wurde Yahann – mehr tot als lebendig – auf ein Piratenschiff getragen, das als griechischer Segler getarnt war.

Nefer, Hilike und vier Krieger des Fürsten Hormes gingen mit an Bord.

Den Betrieb im »Haifisch« überließ Nefer wieder verlasslichen Bediensteten. Sie versprach ihnen ein Viertel des Gewinns, den sie erwirtschafteten.

Der Kapitän des Seglers zeigte sich erst auf offener See. Es war Schwarzmann. Hilike begrüßte ihn herzlich. Ihre Bewacher musterten den ehemaligen Sklaven unsicher. Schwarzmann erklärte ihnen, dass sie sich unter Freunden befänden und nur dann ins Wasser geworfen würden, wenn sie nicht friedlich seien.

Sie benahmen sich friedlich und wurden bestens verpflegt. Nachdem römische Kriegsgaleeren vorbeigerauscht waren, ohne dem »griechischen Segler« nahe zu kommen, baten Hilikes Leibwächter den Kapitän, sie als Piraten aufzunehmen. Das Leben an Bord gefiel ihnen besser als das Einerlei in der Fürstenburg. Schwarzmann verpflichtete sie mit Handschlag.

Ohne Zwischenfall legte das getarnte Seeräuberschiff im Hafen von Aigina an. Schwarzmann schickte einen Boten zu Chero. Zwei Piraten trugen Yahann auf einer Bahre an Land.

Chero kam sofort, zwei seiner Schüler begleiteten ihn. »Er wird dir helfen«, flüsterte Nefer Yahann zu. Der nickte mühsam.

»Hilike!«, rief Chero und streckte ihr die Hände entgegen. Dann blieb er stehen, ließ die Arme sinken und murmelte: »Verzeih.«
Sie lachte. »Was soll ich dir denn verzeihen? Ich freu mich doch auch. Komm schon, ich beiß dich nicht.« Sie winkte ihm mit dem Zeigefinger.
Yahann stöhnte.
»Der Kranke geht vor«, sagte Chero, als müsse er sich entschuldigen.
»Selbstverständlich«, sagte Hilike. »Wir bleiben länger auf Aigina. Wie lange, hängt davon ab, wie schnell du Yahann gesund machen kannst.«
Chero begrüßte Schwarzmann mit Händeschütteln, Nefer mit einem Kuss auf die Wange, dann legte er Yahann die Hand auf die Stirn. »Jetzt wollen wir mal, alter Freund«, scherzte er zuversichtlich. Auf seinen Wink hoben die Schüler die Bahre an.
Schwarzmann hatte es eilig wie immer. Er versprach, dem Bettlerkönig Nefers Dank zu bestellen, verabschiedete sich und ließ ablegen.
Und Chero sagte: »Jetzt bin ich nicht mehr allein.«
Hilike nickte ihm zu.
Es wurde eine gute Zeit auf Aigina.
Yahann durfte hoffen. Chero hatte eine Muskelverspannung festgestellt. Sie fühlte sich wie ein Stein an, drückte auf die Nervenstränge und machte jede Bewegung zur Qual.
»Herausschneiden könnte Lähmung bringen«, sagte Che-

ro und versuchte es anders. Er wollte den Knoten nach und nach kleiner machen, bis er verschwand. Das hatte er beim letzten Aufenthalt in Athen einem Meister abgeguckt. »Wegkneten« hatte es dieser genannt und eine Salbe auf den Knoten gestrichen, bevor er ihn bearbeitete. In der Salbe waren Spuren von Schlangengift.
Bevor Chero die Behandlung begann, betete er zu Belenus und Tanit um gutes Gelingen. Dann vermischte er Kräuter mit Fett und träufelte einige Tropfen vom Gift der Sumpfnatter darauf. Damit bestrich er den Knoten, der Yahann quälte, und knetete ihn behutsam. Als Yahann sagte, dass er mehr vertrage, griff Chero stärker zu. Nefer und Hilike hielten ihm die Daumen...
Die Behandlung hatte Erfolg. Von Mal zu Mal wurde der Knoten kleiner und drückte immer weniger. Yahann röhrte wie ein keltischer Hirsch, als er sich zum ersten Mal aufsetzen konnte. Er stöhnte vor Freude.
»Er wird gesund und bald wieder im ›Haifisch‹ stehen«, sagte Chero zu Nefer. »Du wirst ihn allerdings eine Zeit lang so kneten müssen, wie ich es dir gezeigt habe. Ich denke, dass du es kannst.«
»Ich kann es«, versicherte sie.
Es dauerte nicht mehr lange, bis Yahann aufstehen und dann – zunächst an zwei Stöcken, etwas später auch ohne sie – vorsichtig gehen konnte.
Chero freute sich ehrlich und fürchtete den Abschied von Hilike. Als er es ihr gestand, versprach sie wiederzukommen.

»Dann fahr doch erst gar nicht zurück«, meinte Chero. »Oder ist Aigina zu klein für dich?«

»Du bist genauso dumm wie berühmt«, spottete Hilike. »Mir gefällt es auf deiner Insel und ich will dir gern bei deiner Arbeit helfen. Ich bin jedoch die Tochter eines Fürsten und verlange von meinem Vater, dass er mich fürstlich verheiratet.«

Chero schnappte nach Luft. Bevor er etwas stammeln konnte, fuhr Hilike fort: »Die Vorbereitungen für eine fürstliche Hochzeit dauern eine Weile. Ich denke, dass wir in vier Monaten Mann und Frau werden können. Ich möchte auf Aigina heiraten. Wir laden meine Eltern ein, deine Mutter, deinen Stiefvater und alle unsere Freunde.«

Chero war so überwältigt, dass es ihm die Rede verschlug.

»Bist du einverstanden?«, fragte Hilike und ganz leise flüsterte sie: »Ich hab dich lieb.«

»Ich – ich auch«, stotterte Chero, »ich – ich meine – dich.«

»Na also«, sagte sie, fasste ihn an den Ohren und küsste ihn auf die Nase.

Und Chero war dem Orakel dankbar, dass es ihm sein erstes und zweites Leben dem Hannibal zu opfern befohlen hatte. »Denn sonst«, sagte er, »hätten wir nie zueinander gefunden.«

»Ja«, sagte Hilike, »der Hexe sei Dank.«

Was dann noch geschah

Es wurde eine prächtige Hochzeit. Ganz Aigina feierte mit. Chero begrüßte seine Mutter und ihren zweiten Gatten, der ihm sofort sympathisch war. Er umarmte Sosylos, den Hannibal gesandt hatte, und einen Vertrauten des Bettlerkönigs, der als vornehmer Karthager auftrat. Sogar ein römischer Offizier war gekommen. Chero hatte ihn von einem Bandwurm befreit, als der Gequälte noch kein Krieger gewesen, sondern als Händler nach Aigina gekommen war. Jetzt kämpfte er als Hauptmann in Illyrien. Von Cheros Hochzeit hatte er zufällig erfahren und Urlaub erhalten. Als Geschenk überreichte er einen vergoldeten römischen Adler, den Chero über dem Haupteingang seines Hauses anbringen ließ.

Yahann und Nefer schenkten Fische, die sie nach einem Geheimrezept geräuchert hatten. Und Yahann wagte sogar ein Tänzchen.

Ganz plötzlich erschien eine wunderschöne Dame. Niemand kannte sie, keiner hatte sie kommen sehen. Sie winkte Chero und Hilike zu, lächelte und verschwand.

»Jetzt hab auch ich sie gesehen«, flüsterte Hilike.

»Die Hexe der Tanit«, sagte Chero. »Sie hat uns Glück gewünscht.«

»Nichts auf Erden ist beständig«, hatte Sosylos seinen Schüler Hannibal gewarnt. »Siege und Niederlagen sind Brüder und Schwestern.«

Jetzt zeigte sich, dass er Recht hatte. Hannibal besaß zu wenige Schiffe, die sein Heer in Süditalien mit Nachschub versorgten. Und als die Römer in letzter Verzweiflung fünfundzwanzig Legionen aus dem Boden stampften und gegen ihn warfen, verließen ihn die Götter.

Die Römer landeten in Spanien und bedrohten auch die nordafrikanische Küste.

Sechs Jahre nach Cheros und Hilikes Vermählung eroberten sie Neu-Karthago und die Insel Aigina.

Der »Haifisch« blieb von Plünderungen verschont, weil Yahann und Nefer auch bei den Römern beliebt waren. Manche Offiziere und Legionäre hatten bei ihnen gezecht, bevor sie als Feinde kamen.

Auf Aigina schützte Chero, Hilike und ihr Söhnchen Hormes der römische Adler über dem Haupteingang ihres Hauses. Und Chero behandelte verwundete Römer genauso wie deren Gegner.

Hannibals Stern sank rasch. Seine Brüder Hasdrubal und Mago fielen im Kampf gegen den römischen Feind.

Im Jahre 203 v. Chr. (nach unserer Zeitrechnung) bedrohten römische Truppen die Weltstadt Karthago. Auf wenigen Schiffen schwindelte Hannibal den Rest seines Heeres nach Nordafrika, stellte sich den Römern und wurde südlich von Karthago – bei Zama – vernichtend geschlagen.

Dann hetzten ihn die Sieger von Land zu Land.
In letzter Verzweiflung tötete er sich selbst.

Den Karthagern nutzte es wenig, dass sie sich ergaben.
Der römische Senator Cato forderte die Vernichtung der Stadt für ewige Zeiten.
Da besannen sich die Bürger auf ihre Würde. Sie kämpften mit dem Mut der Verzweiflung.
Als die Römer die Stadt erstürmten, loderte der Byrsahügel in hellen Flammen. Karthagische Männer und Frauen, die den Tod gnädiger fanden als römische Sklaverei, verbrannten sich und ihre Kinder vor den Altären ihrer Götter.
Die Römer weihten die zerstörte Stadt den Dämonen der Unterwelt.
Dies alles geschah (nach unserer Zeitrechnung) im Jahre 146 vor Christus.
Das Karthagische Reich wurde römische Provinz ...

Chero und Hilike hörten es wie eine Sage aus längst vergangenen Tagen. Im gesegneten Alter von einundneunzig Jahren schied Chero aus einem erfüllten Leben. Hilike folgte ihm zwei Jahre später.
Ihr ältester Sohn hatte die Heilkunde studiert und den Platz seines Vaters auf Aigina übernommen. Der zweite Sohn fuhr zur See. Der jüngste hatte von Yahann und Nefer, die kinderlos gestorben waren, den »Haifisch« geerbt und lebte gut in Neu-Karthago, das die Römer

»Carthago Nova« nannten. Cheros und Hilikes einzige Tochter hatte sich nach Athen verheiratet. Ihr Gatte war Arzt ...

Als Chero starb, leuchtete über seinem Haus auf Aigina das Zeichen der Tanit. Nur Hilike sah es und sie dankte der Göttin.

Wort- und Sachverzeichnis

Ägäis (Ägäisches Meer): Teil des Mittelmeers zwischen Griechenland, Kleinasien und der Insel Kreta; zahlreiche Buchten und Inseln. Zu den ägäischen Inselgruppen gehören die Sporaden und Kykladen. In der Nähe von Kreta erreicht das Ägäische Meer eine Tiefe von fast 3 000 m.

Agraffe: Schmuckspange.

Aigina (Ägina): Insel in der Ägäis, etwa 30 km südwestlich der griechischen Hauptstadt Athen. Im Zweiten Makedonischen Krieg wurde Aigina (211 v. Chr.) von den Römern erobert, der Großteil der Bewohner versklavt. An alte Zeiten erinnert heute die Ruine eines griechischen (dorischen) Tempels.

Amun Ra: ägyptischer Gott.

Amulette sind Gegenstände (meist Anhänger), die dem Träger magischen Schutz oder Glück bringen sollen. »Talisman« bedeutet dasselbe. (Auch heute vertrauen viele Leute auf solche Kräfte und kaufen »Maskottchen«.)

Apulien: Landschaft im südöstlichen Italien (heute Region Puglia).

Arno: norditalienischer Fluss, der in das Ligurische Meer mündet. Die bekannteste Stadt am Arno ist Florenz.

Athen (neugriechisch Athinai): Hauptstadt Griechenlands; im klassischen Altertum Mittelpunkt der Künste und Wissenschaften.

Balearische Inseln (Balearen): spanische Inselgruppe im westlichen Mittelmeer (mit den Inseln Formentera, Ibiza, Mallorca und Menorca).

Barkiden: Angehörige der »Barkassippe«; in unserer Erzählung: Hamilkar Barkas, Hannibal, die beiden Hasdrubal und Mago. Der Name »Barkas« kommt von »Baraq«, das bedeutet »der Blitz«.

Byrsahügel: Burg- und Tempelanhöhe in der Stadt Karthago.

Cannae (heute Canne della Battaglia): Ort in Apulien. Hier siegte Hannibal (216 v. Chr.) über die Römer.

Capua: italienische Stadt nördlich von Neapel. 4 km südöstlich sind Reste des antiken Capua erhalten, das 211 v. Chr. von den Römern im Kampf gegen Hannibal zerstört wurde.

Cato, Marcus Porcius (234 bis 149 v. Chr.): römischer Staatsmann, erbitterter Feind der Karthager.

Dämon: böser Geist.

Druide: keltischer Priester.

Ebro: Fluss im Nordosten Spaniens, mündet bei Tortosa ins Mittelmeer. Der ursprüngliche Name »Iberus« (Hiberus) ist von »Iberer« abgeleitet, einem auf der Iberischen Halbinsel (heute Spanien und Portugal) ansässigen Völkerstamm, der sich im zweiten und ersten vorchristlichen Jahrhundert mit Kelten zu den »Keltiberern« vermischte.

Esaphi: ehemalige Siedlung beim heutigen Dorf Dar Essafi auf dem Kap Bon an der nordafrikanischen Küste, östlich von Tunis. Rund um den kleinen Hafen verweste in Felswannen das Fleisch der Purpurschnecken. Die Schneckenhäuser wurden weggeworfen und werden heute noch bei Dar Essafi gefunden.

Gades heißt heute Cadiz und ist eine spanische Hafen- und Provinzhauptstadt am Atlantischen Ozean.

Galeere: vom Altertum bis ins 18. nachchristliche Jahrhundert eingesetztes Kriegsschiff, das von Sklaven oder Sträflingen gerudert wurde. An 25 bis 50 Ruderbänke waren je drei bis fünf Männer gekettet.

Götter (karthagische Hauptgottheiten):

Baal Hammon, Schöpfer des Himmels und der Erde, dem in früheren Zeiten auch Menschen (hauptsächlich Kinder) geopfert wurden;

Baal Mot, Herr der Dürre und des Todes;

Eschmun, heilende Gottheit, Gott der Heilkunst;

Tank: Muttergottheit, Göttin des Mondes und der Fruchtbarkeit.

Hamilkar Barkas (um 290 bis 229 v. Chr.): karthagischer Oberfeldherr; landete 237 mit seinem Heer in Spanien und eroberte den Süden der Iberischen Halbinsel, in dem die Silbergruben der Sierra Morena lagen; fiel 229 im Kampf gegen die keltiberischen Oretaner.

Hannibal (241 bis 183 v. Chr.): ältester Sohn des Hamilkar Barkas, wurde 221 (nach dem Tode Hasdrubals des Schönen) zum Oberfeldherrn gewählt; überquerte im September/Oktober 218 mit einem gewaltigen Heer die Alpen, besiegte im Frühjahr 217 die Römer am Trasime-

nischen See und schlug sie Anfang Oktober 216 vernichtend bei Cannae. 15 Jahre lang zog er mit seiner Armee durch Italien. Dann gewannen die Römer die Oberhand. Im Jahre 183 vergiftete er sich, um nicht in ihre Hände zu fallen. (In manchen Berichten und Erzählungen heißt es, dass Vater Hamilkar den erst neun Jahre alten Hannibal mit nach Spanien genommen hätte. Das wird heute bezweifelt. In der Regel wurden vornehme karthagische Jungen, die nicht den Händler-, sondern den Offiziersberuf ergreifen wollten, im Alter von etwa zwölf Jahren in die »militärische« Erziehung genommen. Überlieferungen und Sagen bestätigen dies auch für Hannibal. Und was sollte ein Neunjähriger in einem feindlichen Land, das erst erobert werden musste? Ich bin überzeugt, dass Hannibal erst als Zwölfjähriger nach Spanien segelte.)
Hasdrubal (245 bis 207 v. Chr.): Hannibals Bruder; fiel im Kampf gegen die Römer.
Hasdrubal der Schöne (270 bis 221 v. Chr.): Schwiegersohn Hamilkars; nach dessen Tod Oberfeldherr in Spanien; gründete die Stadt Neu-Karthago; wurde von einem Iberer ermordet.
Iberer (und Iberische Halbinsel): siehe »Ebro«.
Illyrien (Land der Illyrer) lag an der östlichen Adria-Küste.
Isthmus: Landenge.
Kap Bon: Landvorsprung an der nordafrikanischen Küste ins Mittelmeer (nordöstlich von Tunis).
Karthago: Die Siedlung Karthago wurde 900 v. Chr. von

phönizischen Auswanderern an der nordafrikanischen Küste gegründet (der Sage nach von der legendären Königin Dido aus Tyrus, die auf dem Byrsahügel eine Burg errichten ließ). Das Ursprungsland der Phönizier (eines semitischen Volksstammes) lag an der Ostküste des Mittelmeers. Die Phönizier waren ein Handels- und Seefahrervolk. Bedeutende Städte in Phönizien waren u. a. Sidon (heute Saida), Tyrus (heute Sur), Byblos (heute Dschubail) und Beritos (heute Beirut). Die Phönizier gründeten zahlreiche Handelskolonien, darunter Karthago, das zur Hauptkolonie der Auswanderer aus Tyrus wurde und sich zum Reich der Karthager entwickelte. Viele Stützpunkte (u. a. auf der Insel Sizilien und der Iberischen Halbinsel) sicherten den Karthagern die Vormacht im westlichen Mittelmeer. Die Römer fühlten sich bedroht und bekämpften die Punier (wie sie die Karthager nannten) in drei »Punischen Kriegen« (264 bis 146 v. Chr.). 146 wurde Karthago zerstört, das Karthagische Reich römische Provinz.

Katapultieren: schleudern.

Konsul: einer der beiden höchsten Beamten im alten Rom.

Libanon: Land an der Ostküste des Mittelmeers (Ursprungsland der Phönizier; Hauptstadt Beirut.

Mago: Hannibals jüngster Bruder, wurde 203 v. Chr. im Kampf gegen die Römer verwundet und starb während der Überfahrt von Italien nach Karthago.

Makedonien (Mazedonien): Gebirgsland südöstlich von

Illyrien, wurde 148 v. Chr. römische Provinz. (Gehört heute zum Teil zu Mazedonien und Griechenland.)

Maultier: Kreuzung zwischen Eselhengst und Pferdestute; ausdauerndes Lasttier.

Meile: als altrömisches Wegemaß »milia passuum« (tausend Doppelschritte) – 1 480 Meter.

Neu-Karthago: heute Cartagena; spanische Hafenstadt am Mittelmeer.

Nubien: afrikanisches Steppen- und Wüstenland zu beiden Seiten des Nils (liegt heute im Norden der Republik Sudan).

Numider: Bewohner des Landes Numidien (liegt heute etwa im östlichen Algerien); wurde 46 v. Chr. römische Provinz.

Orakel war im Altertum ein Ort, an dem Priesterinnen oder Priester göttliche Weissagungen verkündeten. »Orakel« bedeutet auch die Weissagung selbst (den Orakelspruch). Orakelsprüche waren oft geheimnisvoll und ließen verschiedene Deutungen zu. Eine der bekanntesten Orakelstätten der Antike war Delphi in Griechenland. (Eine Art moderner Orakelsprüche sind Horoskope und Prophezeiungen von »Hellsehern«.)

Padus (heute Po): Fluss in Norditalien.

Papyros (Papyrus; Mehrzahl: Papyri): Vorläufer des Papiers. Das in Streifen geschnittene Mark der Papyrosstaude wurde kreuzweise übereinander gelegt und durch ein- bis zweistündiges Schlagen »gepresst«. Dann wurde das »Papier« ausgerollt, poliert und mit weiteren

»Blättern« zur Rolle aneinander geklebt. Beschrieben wurden die Papyri mit einer Tinte aus Gummilösung und Ruß. Eingeführt wurden Papyri hauptsächlich aus Ägypten.

Punische Kriege heißen die drei großen Feldzüge der Römer gegen die Karthager (ihre »punischen« Erzfeinde).

Erster Punischer Krieg (246 bis 241 v. Chr.). Hauptkriegsschauplatz war die Insel Sizilien. Rom siegte. Karthago verlor Sizilien, einen Großteil seiner Flotte und musste eine hohe Entschädigung zahlen.

Zweiter Punischer Krieg (218 bis 211 v. Chr.): In dieser Zeit spielt der Hauptteil unserer Geschichte. Der »Held« dieses Krieges (in Siegen und Niederlagen) ist Hannibal. Am Ende – nach der Schlacht bei Zama – verlor Karthago alle auswärtigen Besitzungen.

Dritter Punischer Krieg (149 bis 146 v. Chr.): Er endete mit der Zerstörung Karthagos.

Purpur: ein kostbarer rotvioletter Farbstoff; wurde von den Phöniziern (Karthagern) aus Purpurschnecken gewonnen. (Heute wird der Naturfarbstoff durch künstliche Farbstoffe ersetzt.)

Rat der Hundert: Senat (gesetzgebende Behörde) der Stadt Karthago und dann des Reiches der Karthager. (Zahlenmäßig waren es hundertvier Senatoren; die runde Zahl »hundert« klang besser.)

Säulen des Herakles nannten die alten Griechen und Karthager die Felsen zu beiden Seiten der Straße von Gibraltar (da, wo das Mittelmeer an den Atlantischen Ozean stößt). Herakles (die Römer nannten ihn Herkules) war ein griechischer Muskelprotz und Halbgott. Sein Vater war Zeus, der oberste aller griechischen Götter, seine Mutter eine irdische Frau. Herakles vollbrachte zwölf gewaltige Heldentaten, die in fast jedem Sagenbuch nachzulesen sind.

Schemen: Schatten, Schattenbild.

Scipio, Publius Cornelius Africanus d. Ä. (235 bis 183 v. Chr.): römischer Staatsmann und Feldherr; warf (210 bis 206) die Karthager aus Spanien hinaus und besiegte Hannibal (202 v. Chr.) bei Zama.

Skarabäus: Mistkäfer, »Pillendreher«; galt im alten Ägypten als heiliges Tier. Skarabäusbroschen hielt man für Glück bringende Amulette.

Sizilien: die größte italienische Insel; liegt an der Südspitze des italienischen Festlandes im Mittelmeer. Die größte Stadt ist Palermo.

Skorpion: bis 18 cm langes Spinnentier mit Scheren und giftigem Schwanzstachel. Der Stich mancher Arten ist auch für Menschen lebensgefährlich.

Sosylos: ein griechischer Gelehrter; begleitete Hannibal und beschrieb dessen Erlebnisse in sieben Büchern.

Trasimenischer See: Gewässer in Mittelitalien. 217 v. Chr. besiegte hier Hannibal die Römer.

Trebia (heute Trebbia): rechter Nebenfluss des Po.

Utica: phönizische Siedlung nordwestlich von Karthago.

Wegkneten bedeutet in unserer Geschichte so viel wie »massieren«. Yahanns Schmerzen rührten von einer

Muskelverspannung her. Plötzlich verhärtete Muskelpartien (die steinharte Knoten bilden können) drücken auf Nerven und verursachen wahnsinnige Schmerzen. Starke Bewegungsbehinderung kann die Folge sein. (Heute werden solche Knoten mit Reizstrom und Massage behandelt, damit verkleinert und auch beseitigt.)

Weiß war bei den Karthagern die Farbe der Trauer. Bei manchen orientalischen und asiatischen Völkern ist sie es heute noch.

Wüste: in unserer Geschichte die Sahara, die größte Wüste der Erde.

Zakantha (lateinisch Saguntum, jetzt Sagunto): heute spanische Industriestadt, 25 km nördlich von Valencia. (Von einigen Autoren wird die antike Stadt, die 219 v. Chr. von Hannibal erobert wurde, fälschlich »Zakynthos« genannt – was auf eine Verwechslung mit dem ähnlich klingenden Namen der griechischen Insel Zakynthos beruht.)

Zama: historische Stadt in Nordafrika, westlich von Karthago. 202 v. Chr. schlugen hier die Römer unter Scipio Hannibals Heer.

Zum Schluss ein Hinweis: Sollte der eine oder andere Ausdruck in meiner Geschichte noch unklar (und in diesem Wort- und Sachverzeichnis nicht erläutert) sein, hilft Nachsehen im Atlas und im Lexikon.

Kai Meyer Trilogie

Die Fließende Königin • Das Steinerne Licht • Das Gläserne Wort

Der erste Band, DIE FLIES-SENDE KÖNIGIN, erzählt von neuen Freunden, einem neuen Zuhause und der Bedrohung Venedigs durch die Macht des Imperiums.

Der zweite Band, DAS STEI-NERNE LICHT, schildert Verlust und Trauer, eine halsbrecherische Flucht durch die Nacht und eine Reise in das magische Reich von Lord Licht.

Der drittte Band, DAS GLÄ-SERNE WORT, berichtet vom letzten, alles entscheidenden Kampf in einer Welt aus Eis und Spiegeln – und von einer bedingungslosen Freundschaft.

Loewe

Josef Carl Grund

Gefahr für den Pharao

Verschwörungen im alten Ägypten
Pharao Echnaton hat alle Götter Ägyptens für abgesetzt erklart und stattdessen Aton, die Sonne, zur alleinigen Gottheit ernannt. Doch die verfolgten Priester des früheren Obergottes Ammun planen eine Verschwörung gegen den Pharao. Die Jungen Keti und Semnut werden unfreiwillig in diese Geschichte hineingezogen. Und sehr bald ist ihnen nicht mehr klar, welche Seite im Recht ist. — Eine spannende Geschichte, die das nur allzu aktuelle Thema des religiösen Fanatismus aufgreift.

224 Seiten. Arena-Taschenbuch. Band 2870.
Ab 10

Arena

Federica de Cesco

Das Sternen-schwert

Die drei »Sternenschwert«-Romane
als BIG BOOK:
In der sagenhaften Frühzeit Japans kämpfen
die legendäre Priesterkönigin Himiko und ihre
Tochter Toyo um das Überleben ihres Volkes.
Doch ihr geheimnisvoller Gegner, der Anführer
der gefürchteten »Sperbermenschen«, besitzt
das mythische Sternenschwert mit den sieben
Klingen...
Jahre später kreuzt die kostbare Waffe erneut
Toyos Weg. Die Abenteuer um das Sternenschwert
entführen in eine faszinierend fremde Welt.

Arena Taschenbuch – Band 2157.
488 Seiten. Ab 12

Arena